U0111458

大展好書　好書大展
品嘗好書　冠群可期

大展好書　好書大展

品嘗好書　冠群可期

武學釋典19

太極密碼(5)
太極拳經典拳勢悟解

余功保 著

大展出版社有限公司

臨摹太極

學習書法要臨帖，這是最核心的基本功。是所有學書法的人必須要經歷的過程。

練太極要臨拳，這也是習拳最重要的功課。

可惜，很多練拳者對這個環節並不重視，或重視程度不夠。

臨拳的益處，其實是怎麼強調都不過分的。

太極名家李雅軒先生教導弟子時說：「要時時想著老師打拳的樣子。」他也是經常想著楊澄甫先生練拳的神態，研練了一輩子，終成大家。

過去，受條件限制，只有見過老師的人，看到老師打拳，才能時時想老師打拳的樣子，這叫「登堂入室」。那是極少數人的「特權」。

現在科技的進步給學習帶來了方便，影像記錄使更多人能夠看到名家練拳風采，使學者臨摹名家拳法成為可能。

無疑，臨摹名家拳照是學拳極為關鍵的方法。

臨摹也有高低之分，內外之分。照片是客觀記錄，但要與我們的主觀理解相結合，才能產生作用。

面對同樣一幅照片，不同的人看到的「東西」不

4

一樣，這也遠不是能用「熱鬧」和「門道」所能概括這其中差別的。門道的層次也不一樣，能從拳照中領悟拳法的奧妙來，將是學拳、研拳的一大進步。

會臨摹拳照，還要臨摹好的拳照，精品拳照。名家拳照應該是首選。特別是那些能充分完整反映出名家的風采神韻、表現力比較強的名家拳照，面對這樣的圖示來學拳，無疑是一件幸事，也是一件快樂的事。

本書精選了100幅太極拳名家拳照，涵蓋了眾多太極拳流派，包括各個時期最頂級的太極名家的照片，基本呈現了主要的太極拳勢動作。對於每一幅拳照，根據不同情況，介紹了它的背景、名家、特點、內涵和體悟要旨，以及部分拳家的精闢拳論，期望給大家提供更多的相關資訊，利於感悟。需要特別強調的是，這種體悟並非唯一，本書只是提供了一種學習的方法，透過這種方法，每個人都會形成自己的見解，若能實現自己在拳學境界上的不斷超越，那就是本書的價值所在了。

書中選取的這些圖片代表了中國太極拳平面影像的最高水準，值得大家體悟、學習、珍藏。希望能給大家的研習帶來益處。

余功保　於江蘇鎮江

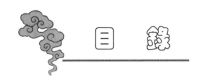

孫劍雲太極拳勢　單鞭

無心御氣　積柔必強

——孫劍雲「單鞭」悟解

可以毫不誇張地說，孫劍雲老師的一生是純粹的武術的一生，從幼年在父親督導下學拳開始，到後來獨撐孫門乾坤，傳播中華武學，她把一生的精力、心血都毫無保留地貢獻給了中國傳統武術。

看孫劍雲的拳，不能不瞭解她的經歷，當知她功夫的精純。孫門功夫，有些地方看似簡單，實則綿密浩大。聽孫劍雲解拳，沒有突如其來、石破天驚的奇崛振盪，而在平實講述中，細細品味，結合拳功拳技，能恍然進入中華武學的真知殿堂，其韻味之久，感悟之深，只有學者自知。

孫劍雲一生習武、喜武、傳武、揚武，心無旁騖，恬靜清廉，以自己的一生經歷，實踐了對武術技術、理論、境界的追求，是當代一位真正的武者。她在武術上潛心追求，生活上卻非常簡單。

孫老師在世時，我曾到她位於安貞里的家中拜望，儘管我已聽說她的甘於清貧，但居室的簡單還是讓我出乎意外，簡單到只剩下「必需」，沒有任何能稱得上「享受」或「奢侈」的東西。她熱情地招呼我和同來的朋友坐下，並沒有先談武術，而是談起了畫畫，聊起了藝術。我看了

她的畫，其中充滿了清雅，有一種從容的趣味，結合她的拳，我當時腦子裡蹦出了一句話：「無得失。」人生如此，每個人在追求的同時，失去了很多，在放棄的同時，也獲取很多。只要心地從容，天地陰陽，得失相隨。

那一次，和孫老師談的很多，也是談及武術、太極拳最具體的一次。她動情地談到父親，談到太極拳的規律、要領，談到練拳的程式，談到一個練武者的素養，這是一次對一位當代真正武術家的全面感受。後來，有人問及這次談話的體會，我用了兩個字：感動。

長時間的談話後，已經高齡的孫老師不顯疲憊，看我拿著照相機，問道：「是不是要拍照？」我有些擔心她的身體情況，她爽朗笑道：「沒關係，我能練。」於是，我們來到她社區樓前的古城公園內，拍下了一系列寶貴的拳照資料。當時她已年逾八旬，依然動作敏捷，身法周正。在拍攝了一組太極拳、械照片後，依然精神飽滿，主動提出再拍攝一組形意拳、八卦掌動作照。在演練八卦劍時，她興致大起，快速轉步旋身，運劍上下翻飛，身隨劍走，令人驚歎孫門功夫之奧妙。

這幅孫式太極拳「單鞭」拳照就是這次拍攝的照片之一。孫式太極單鞭比較獨特，雙手均為掌，掌心向外，直立，立起的掌中，手指有微屈之意。兩手雖然左右同時分開，卻也要有虛實之分，這是需要用心把握的。左腿微屈，右腿微蹬，目視右手，練習此式能夠有效地達到氣貫四梢。孫劍雲介紹說，此式不僅可動練，還是很好的站樁勢子。

孫劍雲在講到孫式太極拳時說，要練好太極拳，需要

從其規矩，順其自然，必須堅持消除雜念，不失規矩則呼吸自調，故千萬不要有意使氣。祿堂公教誨說：「有心御氣，氣反奔騰。」特別是在開始站無極式的時候，要力求身體內外中正和順，做到心平氣和，使得呼吸正常，綿綿若存，不粗不暴，而且能夠做到息息歸臍，這樣就有了身心恬靜的感覺。

練習太極拳要柔不要剛，柔並不等於軟。所用之力是自然力，絕不是咬緊牙關、屏住呼吸時用的力。它是一種順中有逆、逆中有順的自然力，是一種並不影響呼吸暴亂、「氣與力合一」的力，也是一種積於柔必剛，積於弱必強的力。

【孫劍雲小傳】

孫劍雲（1914—2003 年），女，傑出太極拳家。河北完縣人。孫式太極拳創始人孫祿堂之女。9 歲隨父習武，得家傳。17 歲隨父赴鎮江江蘇省國術館，任女子班教授。

1934 年考入北平國立藝術師專，師從周元亮習工筆畫，擅山水、仕女。天資聰慧，志趣廣泛。少年時期曾隨高道天練書法，又隨吳心谷習詩文。其書流暢自然，其畫清麗雅致，氣勢從容。

1937 年，在中山公園舉辦個人畫展，享譽京城畫界。繼承乃父武功，每日行拳數遍，數十年勤練不輟。文武兼修，擅國畫。為人謙和，武德高尚，甘於清貧，追求武學。桃李滿天下，足跡遍佈大江南北。

在 1957 全國第 1 屆武術比賽中，被聘為新中國第一位武術女裁判。後多次擔任全國和北京市裁判工作。為推廣

孫式太極拳，進行傳統套路的簡化工作，1983年將原來的九十七式簡化成三十五式，發表推廣。1982年、1984年，作為名家應邀參加南京、武漢兩屆國際太極拳大會。

　　1985年，應邀赴日講學，受到日本武術界的高度重視。1988年，在廣州舉辦孫式太極拳骨幹培訓班。1991年，任蒲陽國際傳統武術大會主席團成員。1992年，參加中國武術研究院「太極拳推手研討會」。1994年，參加香港國際武術觀摩大會。1995年，在全國首屆「中華武林百傑」評選活動中，被評為中國當代「十大武術名師」。曾被中國武術研究院聘為特邀研究員。

　　一生致力於中國傳統武術的推廣、發展，在國內外享有盛譽，為孫式太極拳的發展做出了重大貢獻。著有《孫式太極拳》《太極劍》《孫式太極拳簡化套路》等。整理孫式太極拳經典，點校出版了孫祿堂的傳世著作《形意拳學》《八卦拳學》《太極拳學》《拳意述眞》和《八卦劍學》。生前為北京市孫式太極拳研究會會長、北京市形意拳研究會會長。並擔任北京市武術協會副主席。

李經悟陳式太極拳　金剛搗錐

舉重若輕　沉著痛快
──李經梧「金剛搗錐」悟解

　　李經梧傳世的拳照中，絕大部分是陳式太極拳勢，可見他對陳式太極的鍾愛。作為陳發科十分重要的弟子，學習、研究他的拳照是直擊傳統陳式太極精髓的便捷途徑。且李經梧這組陳式拳照，影像清晰、神意飽滿，便於領悟參詳。

　　「金剛搗錐」是陳式太極核心拳勢，在傳統套路中多次重複，兼發勁、蓄勁於一體，為標誌性動作。

　　提得起，放得下。

　　欲有向下之勢，必先寓向上之意。能虛虛領起，方可沉著痛快。根入地，心不僵。左右虛實分明，上下貫通順遂。金剛搗錐有拙重之形，全無遲淤之態。

　　演練此勢，內氣上下貫達，沉著通透，不能停頓阻塞，但還要避免如鐵牛夯地，笨拙滯重。

　　由於兼習吳式太極拳，李經梧在陳式太極拳中自覺吸收了一些綿細精微的成分，使得他的陳式太極拳更加蘊藉含蓄。即使如「金剛搗錐」這樣典型的剛猛動作，演練起來也錯落雅致，無劍拔弩張之態。

　　此拳照的拍攝時期，正值李經梧拳功鼎盛時期，其拳學風範已經是一派天然，淡漠於心了。

　　老辣，不一定是「辣」。

【李經梧小傳】

李經梧（1912年10月—1997年），傑出太極拳家。出生於山東掖縣過西村。少年習武，17歲拜劉子源為師，練彌宗拳。20世紀30年代，在京城開設「五洲百貨店」，先從師於趙鐵庵，後拜楊禹廷為師學習吳式太極拳，並得到王子英指點。曾擔任北京太廟太極拳研究會理事。40年代初，拜陳發科為師，習練陳式太極拳及推手。為陳發科著名弟子之一。學拳不拘門戶，廣泛探求，勤奮好學，遍訪京城內太極拳名家，虛心求教，還研究掌握了楊式、孫式太極拳的技術、理論。

1956年，獲北京市武術運動會太極拳第一名。同年代表北京市參加了全國第1屆武術運動會，獲「金牌獎」。參與了國家體委組織的「24式簡化太極拳」「88式太極拳」的編定工作。50年代分別應邀在鐵道部、鐵道學院、北京工會文體部職工學校、中國科學院、衛生部、北京市體委等單位任太極拳老師、教練，從事推廣太極拳工作。長期致力於太極拳健身治病的研究工作，於太極拳醫療上積累了大量經驗。1959年起，擔任北戴河氣功療養院太極拳指導教師。曾任秦皇島市武協主席。1964年10月在《體育報》發表論文《對太極拳纏絲勁等問題的體會》，1960年口述、由學生整理出版了《太極內功》一書。1984年武漢國際太極拳邀請賽被作為重要太極拳家邀請參會。生前受聘擔任北京吳氏太極拳研究會顧問、北京陳氏太極拳研究會顧問、武當山武當拳法研究地特邀研究員。拳式古樸典雅，法度謹嚴又靈動鬆暢，氣勢展達。

吳圖南太極拳勢

飛泉掛壁峰

——吳圖南「斜飛勢」悟解

　　吳圖南先生的拳法，氣度不凡，有一種「仙氣」，有人評價他的拳法，慨歎「此拳只應天上有，人間哪得幾度聞」。

　　吳圖南先生所留拳照不多，但每幅皆為精品。是學習太極拳，特別是領悟太極神韻的精妙範本。

　　「神定氣閑」是吳老拳照的最突出特點。這是千錘百煉後的從容與灑脫，拳對他來說只是生命的一種呈現狀態，如同行走坐臥，無需特別表現，與那些「拉開架式」的劍拔弩張，高下優劣立判。

　　「斜飛勢」是太極拳的典型拳勢之一。主要練習靠勁，所以傳統太極拳中也有人將其稱為「七寸靠」，有左右對稱的兩種練習方法。此勢架式開展，也因此容易練得散。「靠」勁為帶有方向性的運勁之法，也因此容易將此勢練得「帶有傾向性」，身體外形，特別是氣勢偏向一隅。

　　看吳老此拳勢，既十分明確地體現了「靠勁」的功用及外形特徵，又不偏不倚，依然中定安舒。左右前後呼應，氣貼脊背，「斜」中呈現穩定之極的「飛動」之態，進退裕如。整個拳勢如同掛壁飛泉，有流暢的十足動感，

又有不竭的活水之源，不動如山，靈澈如泉。從外形上來說，八面支撐，對腿部、肩膀、脊背、腰部等的鍛鍊效果都十分突出。

　　一般習拳者理解，此勢主動手在上手、右手，從而對後手、左手的重視程度不夠。其實，太極拳中「被動即為主動」，本勢，後手十分重要，其高度大有講究，不能太高，也不能太低，不能太前，也不能太後，它好像是處在從屬地位，實際上有主動的成分，是動力樞紐所在。

　　吳圖南先生的此拳勢，清晰、生動地闡釋了這一微妙結構和關係。

　　吳圖南在其著作《太極拳》中解釋此勢：「左右手若鳥之斜展其翅，而飛舉然。」特別強調，要以後手稱之。此勢還有一點應該值得關注的就是，吳圖南先生在說明此勢眼神的時候，特別強調「目注左掌」，大有奧妙——「欲前寓後」的奧妙。

　　太極拳強調中正，但不是刻板、死板的正，許多時候是斜中求正，特別是在動態中。如能從此勢

吳圖南在北大參加武術學術活動後
在未名湖畔留影

中悟到此理，並能舉一反三，當對習拳大有益處。

20世紀80年代，本人作為北大武協的負責人，在組織武術文化活動中多次邀請吳圖南先生來北大參加學術活動，並就太極拳的許多問題請教吳老，他的真知灼見也使得眾多北大學子深受教益。

【吳圖南小傳】

吳圖南（1885—1989年），原姓烏拉汗，名烏拉布。蒙古族人。年幼體弱多病，習武強身，先後拜著名太極拳家吳鑒泉、楊少侯為師學習太極拳。勤學苦練，悟性極高，文武兼修，成為一代太極大家。

早年就讀京師大學堂。精通醫學、考古、文史、心理學等，通曉英、法語等。解放前多年從事教育工作，曾在南京中央大學、西北師範學院等高校任教，並擔任故宮博物院專門委員。新中國成立後，繼續從事太極拳的普及和研究，曾擔任全國武術協會委員、北京市武協副主席等職，1980年被聘為北京市文史研究館館員。

20世紀30年代出版有《科學化的國術太極拳》《太極刀》《太極劍》《太極拳》等，並多次再版，暢銷海內外。大力宣導科學習練、研究太極拳，積極支援高等學校太極拳的發展。培養了眾多優秀弟子學生。

提手上勢　汪永泉演示

萬鈞無物　落地生花

──汪永泉「提手上勢」悟解

汪永泉在楊式太極拳體系中獨樹一幟。他生前在全國範圍內並沒有太大名氣，只是北京市武術協會副主席的身份，顯示出名家如林的京城武林對他的高度認可。後來，他的傳人們出版了一系列他所傳授的太極拳書籍、文章，向世人介紹他的拳學觀點、功夫，才引起了廣泛關注。

他的拳在用意的講究上不一般，在形上似乎並不刻意考究，拳架上有「工整」的感覺。他十分強調鬆，但拳架依然有「充盈」的氣勢。

汪永泉太極拳是尚意的拳法，但我們領會他的意恰恰要從他的拳架入手。他的拳照比起很多所謂「現代派」的練拳者更加工整，一絲不苟，具有開展、大方、優美、自然的特點，細細領會，他將拳架外形與意的運用完整結合起來，每一拳勢，意都有很強的到位感。

這幅「提手上勢」，圓襠，鬆胯，頭頂神氣領起，雙臂提挑中有縱按，雙肩鬆沉，圓臂涵胸，架子雖高，但沒一點上浮之感。

「提手上勢」是一個綜合複雜的混合結構，一提、一合為明，一放、一縱為暗。很多人只注意了前兩方面，卻忽視了後兩個要素。汪永泉此拳照，將這幾方面舉重若輕

地融合了起來，形成協調的一體，拿得起，放得下。

　　觀汪永泉的拳勢，是要在靜中體會出流動感來，在蓄中要體會到「爆發」的趨向，這種爆發又沒有絲毫的火氣。這就是「涵養」的功夫。

　　汪永泉在太極理法上有諸多精闢論述，特別是關於太極的意、氣、勁、點等方面，結合拳架，細緻入微，記錄他主要觀點的著作《楊式太極拳述真》受到廣泛歡迎。

　　汪永泉的重要弟子孫德明在介紹他老師的功夫時說：「汪老師功夫非常細膩，但又無邊無際。細膩得跟水一樣，摸起來柔，用起來威力又無窮。汪永泉老師的拳法像大海。」孫德明說：「我們跟他動手，無論多大的勁力下去，摸不到東西。」「過去說泥牛入海，泥牛還有點摩擦力、阻力，但你使向汪老的勁是沒有任何著落的。」孫德明強調，這就是無形無象的「空」。

　　孫德明回憶，汪老對太極拳的精、純要求很高，太極拳要精練，除了下苦功，還要掌握核心技術，要不然，東西不對，下的功夫越大，走偏就越遠。精的東西不在多，可能就那麼幾點，但要準確。功夫精了還要純，混了雜質，就會變樣。

　　現在很多傳統太極拳變化比較多，外形變了，內在的核心不能變，神韻不能變。所有這些功夫，都要透過正確的練習拳架來獲得。

【汪永泉小傳】

　　汪永泉（1904—1987年），楊式太極拳名家。字在山。北京人。滿族。父汪崇祿是溥倫貝子府總管家，為楊

健侯弟子，經常員責代學代教貝勒爺。7歲開始跟隨其父向楊健侯、楊少侯父子學習拳藝，因體格魁梧、聰明好學，備受楊家父子喜愛，並常為少侯展示拳藝當陪練，從中悟道。

1917年，楊健侯指定汪永泉由楊澄甫指導學習，直至楊澄甫1928年南下為止。真實繼承了楊家太極真功的精華。一生精研楊式太極拳，於推手、養生尤有造詣。致力於太極拳推廣多年。

1926年起，在「今是中學」教拳，1934年開始在協和醫院進行傳授，從學者眾多。1977年在中國社會科學院教拳。其學生中知識層次普遍較高。主要弟子及傳人有：朱懷元、孫德善、高占魁、張廣陵、張孝達、孫德明、齊一、王平凡、孫耕夫、丁冠之、彭城、魏樹人、盧志明等。生前為北京協和醫院職工。曾任北京市武協副主席。著有《楊式太極拳述真》一書，為太極拳著作中的精品。

鄭曼青太極拳勢

美人如玉氣如虹

──鄭曼青「摟膝拗步」悟解

　　楊式太極拳自楊澄甫以後，真正開始了她發展、繁榮的局面，這一方面體現在習練人數的不斷增多，第二方面是傳播地域的不斷擴大，更重要的是第三方面，關於太極拳研究、發展的思維不斷開放。

　　楊澄甫的眾多弟子，根於一脈，但又各具特色，就是這種開放思維的結果。

　　鄭曼青是太極拳的一位奇人，也是中國文化的一位奇人。他有「五絕老人」之稱，精通詩、書、畫、中醫、太極拳五藝，在每個領域中都達到了很高的水準，特別是他在太極拳方面，更是對世界文化的一個重要貢獻，在理論研究、技術發展、傳播推廣上都取得了突出成就。

　　從這幅鄭曼青拳照「摟膝拗步」中，我們可以清晰地看到鄭曼青太極拳的風範。摟膝拗步為前擊動作，鄭曼青此勢弓步不僵，留有八分餘地，脊柱中正，身形進退有據，手、膝、肩、腰呼應，形成平圓、立圓兩大氣圈。而我們需要重點領悟的是它的最大特徵──「美人手」。

　　其左手向下鬆沉，左掌並非用力塌按，而是指尖鬆垂，掌心內含，右掌前探，掌心斜向前，兩手的腕部不出死角，而是平緩直通指尖，此練法即為鄭子太極「美人

手」。「美人手」是鄭曼青太極拳一個代表性的功夫特點，它對於增強太極行拳中內氣的通暢有重要作用。

關於美人手的要領，鄭曼青在 20 世紀 40 年代著作《鄭子太極十三篇》中首次說明：「掌，相傳謂美人手，手背筋不浮露。無論何式，腕背皆要豎直。」並強調將此要領貫穿在各個拳勢中。

有研究專家認為，「美人手」練法，更加符合人體生命規律，能夠調動人體進入至柔生剛、至陰生陽、至靜生動的無極而生的道家哲學所宣導的自然自在的狀態。美人手實則是對太極拳「至柔」原則的一種落實，它要求全身徹底放鬆，不用一絲僵力。

「美人手」練法看似優美文婉，實則鍛鍊內氣渾厚充沛。在卸掉全身拙力後，新的整勁、混元勁油然而生。其實美人手的練法是有著傳統依據的，在古代養生術和其他一些太極拳流派也有類似的要領，鄭曼青先生依據楊澄甫的鬆柔理論，將這些練法結合在楊式太極拳中，並加以強化，是對楊式太極功技的一種發展、豐富與創新。

其實，這種發展、創新思維一直貫穿在鄭曼青太極一生中，早在他 1939 年任湖南省政府諮議兼省國術館館長時，為了便於太極拳的推廣，鄭曼青先生就對傳統楊式太極拳進行新編，創編「簡化 37 式」，對傳播楊式太極拳起了積極作用。

應該說明的是，許多流派的傳統太極拳練法中，強調「坐腕」，這與美人手是有所區別的。其中有著各自的出發點和實質內涵，對每種要領學者不可從表面簡單理解，可從實踐出發，細細體會，找到適合自己的練習方法。

由於鄭曼青廣泛研究涉獵中國傳統文化，使得他在很高層面上對這些領域的精義進行了融通，體現在他的太極拳理法上，就是他的拳功拳技洋溢著一種濃郁的文化氣息，於不動聲色中把個中三昧盡情展示。

鄭曼青1949年去臺灣後，主要在臺灣地區和歐美推廣太極拳，與中國大陸很少交流，所以長期以來在內地瞭解他的太極拳的人不多。近年來，隨著海峽兩岸太極拳交流的不斷增多，特別是鄭曼青先生弟子傳人們的熱心傳播，使得越來越多的人對鄭曼青太極理法功夫的認知也逐漸深入。

1947年鄭曼青著作《鄭子太極拳十三篇》出版，後又編著《太極拳自修新法》，書中不僅記錄了楊澄甫所傳傳統楊式太極拳的精華，還有很多鄭曼青獨特的體悟感受，為太極拳注入了一股文化的清新風尚，是太極拳的理法珍品。陳微明先生推舉其為「學太極拳者之寶筏」，于右任先生稱讚其乃「至善至美之教材」。

【鄭曼青小傳】

鄭曼青（1902—1975年），著名太極拳家。臺灣太極拳的主要傳播者之一。名岳，字曼青，別號玉井山人。浙江永嘉人。人稱「五絕老人」，精詩、書、畫、拳、醫，尤以太極拳卓著於世。年輕時因體弱習拳強身，從師於楊澄甫，得其精心傳授，獲楊式太極拳、械功技。

1938年曾任湖南國術館館長。曾任重慶「中央訓練團」武術教師。

1949年赴台定居，赴台後積極開展太極拳推廣工作。

1950年初開始在臺北中山堂傳授太極拳。1951年在臺北成立時中學社。門生遍及臺灣、東南亞、美國等地。積自身習拳體驗，在傳統楊式太極拳基礎上，編就「鄭子太極拳」37式，著有《鄭子太極拳十三篇》《鄭子太極拳自修新法》等，在理論功技上有獨創性，其「陸地游泳」「美人手」等理論影響廣泛。

在臺灣的主要弟子有：劉錫亨、徐憶中、郭琴舫、王建今、羅邦禎、許崇明、王詩章、陶炳祥、葉秀挺、翁如源、宋志堅、許振聲、鞠鴻寶、李文海、黃性賢、周培德、林宣敏、干嘯洲、陳國明、廖禎祥、柯啓華、梁志、唐鴻聲、蘇紹卿、陳綢藝、陳至誠、余振祥、梁棟材、費必祿、徐逢元、鄭可達等。

姚繼祖太極拳勢

周身一家　開合隱現

——姚繼祖太極拳勢悟解

　　在當代武式太極拳發展史上，姚繼祖有著突出的地位，他是在20世紀80年代太極拳中興開始後尚在世的一位十分重要的武式太極人物。作為武式太極的代表，參加了眾多重要的交流活動，他的有關太極拳的觀點、功技引起廣泛關注。還有一點非常大的貢獻就是，他在永年培養了一批優秀的武式太極拳傳人，使得他這一脈的武式理法廣泛傳播。

　　武式太極拳的練習程式是「先求開展，後求緊湊」。要求大則無外，小則無內。姚繼祖先生的這幅武式太極「單鞭」為開展架勢，但又神氣環抱，內外相合，把開展、緊湊、大小、縱放處理得得體、得機。

　　姚繼祖認為，武式太極拳的基礎功，就是走架，走架的最終目的，是練到「周身一家，腳手相隨」。走架過程中腰為樞紐，腰與脊骨連結一起，上接肩臂，下連胯腿。脊骨必須要正，才能起到平準的作用，帶動四肢，一動俱動，一靜俱靜，上下相隨，八面支撐。走架時除嚴守提頂、吊項、鬆肩、沉肘、涵胸、拔背、裹襠、護肫、騰挪、閃戰、尾閭正中、氣沉丹田、虛實清楚等十三要點外，還要注意：出手發力，手要高不過眼、遠不過足；步的最大限度，要求腿自然伸出、自然著地；步的進退，要進低退高；兩腳站立，要成不丁不八形式；眼要活，神要

足，做到眼到手到、手到神注。勁起於腳，上運至手，周身要完整一氣，虛實變換聽命於腰。腰忌填，填腰則滯，腰滯則勁滯，進退亦因之不能靈活順隨。

姚繼祖重點強調武式太極拳功架的四大特徵，即開、合、隱、現。他說，武式太極拳是由鬆入柔，運柔成剛，達到剛柔相濟的。但它是在鬆靜之中，暗含著開、合、隱、現的。在走架時開則俱開，周身骨節和肌肉群部微有開展的意思，開為發，發力的神意，微現於體外。合則俱合，周身的骨節和肌肉群部微有收縮的意思，合為收，把運力的神意收隱於體內。

王宗岳《太極拳論》中云「忽隱忽現」，說的是應用。武式用在練功上則是用內氣的潛轉和內勁的轉換支配外形，要求做到「外示安逸，內固精神」的由開到合、由合到開互相轉換的漸隱、漸現。

【姚繼祖小傳】

姚繼祖（1916—1998年），武式太極拳名家。河北永年廣府鎮人。8歲起隨祖父習練太極拳，在永年國術館與韓欽賢學習太極推手及器械套路。後拜師於李遜之習練武式太極拳，深得李遜之器重，得其真傳精髓。

20世紀60年代起，即在報刊發表文章，傳播太極拳，著有《太極拳拾遺》《論內外三合》等。1984年應邀參加武漢國際太極拳、劍表演觀摩會，被評為「全國太極拳名家」之一。1994年被溫縣國際太極拳年會評為「全國十三名太極大師」之一。傳有弟子翟維傳、鍾振山、金竟成、胡鳳鳴、李劍方、翼長宏等人。

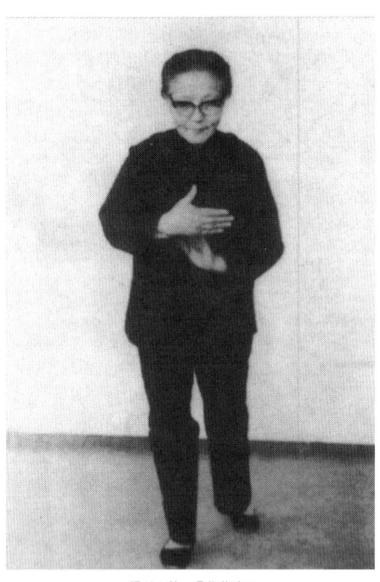

提手上勢　吳英華演示

未發之中　即慧即定

──吳英華「提手上勢」悟解

　　吳英華出生太極名門，這為她研習太極拳提供了得天獨厚的條件，更難得的是她具有的太極拳方面過人的悟性和勤奮的用功態度，這使得她成為了20世紀不可多得的女性太極拳大家。在她年輕時，吳鑒泉先生就稱讚她「巾幗不讓鬚眉」。

　　為了鑽研太極動作，她家中客堂專門安置了一面大鏡子，對照練習。

　　吳英華老師的人生狀態就是太極狀態，和諧、自然，她的拳架以工架穩重、姿勢準確著稱。她所演練的吳式太極拳，內涵豐富，式式圓潤，大方得體。不僅傳授了數千名學員，也培養出了馬江豹、施梅林等優秀運動員。

　　這幅吳式太極的「提手上勢」，神情安定，欲上先寓下意，肩、腕、膝、足上下一體相合。此拳照為其中過渡動作，蘊含了由下轉上的變勢。吳英華先生的此勢蓄發有度，舒緩綿密，沉靜且富於活力。正如她所闡述的《神會語錄》中的境界：「即定之時即是慧，即慧之時即是定」。

　　領悟此拳照要重點在體會「中定」上下工夫。中定不是簡單地指外形，而是氣的中定、意的中定。吳英華、馬

岳梁在其著作中解釋：「中，指伸曲開合之未發謂之中。就是在練太極拳時必須使整個身軀保持中直之意。」「中定之意，就是五行保持平衡，無論前進、後退、左顧、右盼均能自由運行，無偏倚的弊病。無論什麼動作，都要使重心穩定。」

吳英華、馬岳梁先生在談到練好吳式太極拳的要求時，重點談過「靜、輕、靈、切、恒」五字訣，精闢入微，學者可對照仔細揣摩。

靜。思想要高度集中，不能有雜念。人的思維是複雜的，要使中樞神經高度集中，實在不易。怎樣才能使思想集中呢？最簡單的方法就是把注意力集中在如何使自己的動作儘量做得正確上。換句話說，就是動中求靜，這樣比較容易見效。久而久之，即可「由著熟而漸悟懂勁，由懂勁而階及神明」的境界。

輕。太極拳中的「輕」不能單純以用力大小的程度來衡量。輕是相對重而言的。太極經中說：「左重側左虛，右重側右虛。」輕就是不能用「爆發力」，其次是避免雙重。「輕」也可以解釋為柔，「極柔軟然後極堅剛」。這就是說，輕是有力不用。所以說「似鬆非鬆、將展未展」為「太極勁」。懂得這個勁，則是練太極拳的最高階段。只有在長期鍛鍊中「默識揣摩」，才能「從心所欲」。

靈。練習吳式太極拳最重要的是靈活。靈是神足，而神為一身主宰，神充氣足，自然舉止靈活。

要輕靈變化、圓活自如，應該注意四項特點：

（1）頓挫相間；

（2）剛柔相濟；

（3）快慢相合；

（4）前後相連。

「頓」是暫停，「挫」是轉折。在練習快拳中，「中定勁」即「頓」的表現，跳躍的動作是「挫」的應用。剛勁用於堅強的發勁，柔則用於溫和。轉換動作要快，所謂快中有轉換，慢裡有舒展。功架要大，整套拳架在開始時要大方前行，收勢要安靜，不可馬虎，這就是前後相連，也就是說吳式太極拳也需要一氣完成。

切。即認真的意思。練習太極拳要切切實實地下工夫，不可草率行事，無論哪個招式，都要做到準確。虛實要分清楚，動作避免欠缺，立身須中立安舒，發勁須沉著鬆靜，排除雜念，即可落實功夫的真諦矣。

「切」的另一個意思是研究。練後要回憶，哪個拳式練錯了，再練時要更正，這就是切磋、琢磨，只有如此下工夫，進步才快。

恒。有雙重的含意，即定時定量。首先是持之以恆，無論嚴寒酷暑都不能間斷。其次是定量，根據個人體質和時間，制定相宜的運動時間和運動量。時間和運動量均需循序漸進，逐漸增加。

總之，「靜、輕、靈、切、恒」五個字的要求是互相制約、相輔相成的，在練習吳式太極快拳時，必須並存，不能偏廢。

【吳英華小傳】

吳英華（1907—1996年），吳式太極拳名家。北京人。滿族。著名太極拳家吳鑑泉之女。幼秉承家傳，8歲

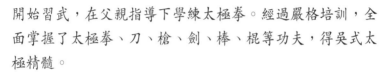

開始習武，在父親指導下學練太極拳。經過嚴格培訓，全面掌握了太極拳、刀、槍、劍、棒、棍等功夫，得吳式太極精髓。

　　1921年隻身一人到上海西門子等洋行教授太極拳，是第一位把吳式太極拳傳播到上海之人。1926年吳鑒泉應上海各界邀請赴滬任教，吳英華為助教，在上海引起轟動。1933年上海鑒泉太極拳社成立，吳鑒泉任社長，吳英華、馬岳梁任副社長。1942年，吳鑒泉逝世後，吳英華繼任社長。1980年，上海鑒泉太極拳社復社，仍出任社長。1982年被選為上海市武術代表團代表，出席全國武術工作會議。

　　先後在上海市國術館、上海市體育宮教授太極拳。主要弟子有吳靜妹、施梅林、金葉、馬江豹、馬江麟等。先後應邀赴澳洲、紐西蘭、香港等國家和地區進行表演，並到全國幾十個省市進行講學活動。著有《吳式太極拳詳解》《吳式太極快拳》《吳式精簡太極拳》《太極劍》等。其夫馬岳梁亦為太極拳名家。

雲手
董英傑　演示

臨虛御風　萬里澄空
——董英傑「雲手」悟解

　　董英傑不是一個保守的拳家，他拳出多門，在老家河北邢台學過外家功夫，學過武式太極，後歸宗楊門，成為一代名手，是楊澄甫文武均深為倚重的重要傳人。董英傑又是一位十分傳統的人，對於太極拳傳統法則的要求與傳承近乎於苛刻的地步。

　　所以看他的拳照，森嚴的傳統法度與自由的人性活力撲面而來。學習其法度，要從他拳架的細微處著眼，特別是拳勢的轉折處。領悟其活力，要從動感氣派上把握，尤其是架勢的空間延展與神意的呼應。

　　雲手是太極拳中最為著名的動作之一，甚至有「太極百式不用練，雲手一招行天下」的說法。可見雲手在太極拳中的地位。

　　此式充分體現了太極拳「一動無有不動」「上下相隨」「意氣相合」的要領。楊澄甫論述：「如雲行空綿綿不絕。」董英傑先生強調此勢「循環不停」。

　　欲左先右，欲右寓左，左右無端，渾圓拳拳，神意相合，遊藝天然。董英傑先生演示的此勢，無礙無滯，飄逸不羈，「浩浩乎臨虛御風」，有「歸田園去胡不歸」的灑脫。

萬里澄空雲為手，我自逍遙君自由。

【董英傑小傳】

董英傑（1897—1961年），國際著名的楊式太極拳名家，是楊澄甫的重要弟子。少年時曾在河北邢臺老家習練多種武術，隨「太極聖手」李香遠學習武式太極拳。後赴北京，從師於楊澄甫專習楊式太極，並終生進行太極拳的推廣工作，是最早將太極拳推向海外的太極拳家之一。董英傑文武並修，曾為楊澄甫執筆撰寫《太極拳使用法》。宣導體用兼備，多次在中外擂臺比武中獲勝，在太極技擊方面享有盛譽。其拳架大氣自然，順暢通達，法度森嚴且隨性寫意，是形神合一的精品。

其子董虎嶺、女董茉莉均為享譽世界的太極名流，其後人多在世界各地傳播太極拳，董家一族成為當今具有廣泛影響力的太極名門。

李雅軒太極刀勢

看似尋常最奇絕

——李雅軒太極刀勢悟解

練好太極器械的關鍵有兩點：

一是練好太極拳，「器械以拳術為基礎」；

二是暸解所練器械的屬性、特點，練得有味道、有風格。

太極刀是太極拳的典型器械之一，有人認為，太極刀比太極劍難練，因為劍的謙謙君子之風與太極拳的氣質吻合度更高些。刀的特點是勇猛，而太極拳的特點是柔和緩慢，怎麼在勇猛和柔和中找到平衡點是要下工夫的。一些名家太極刀練得好，就更顯現功力。

李雅軒先生的這勢太極刀，是一幅神形兼備的精彩拳照。架勢開展，精神飽滿，把刀法的雄渾威猛展現得淋漓盡致。同時身體處處弧形，身備五弓，柔中寓剛，動態十足，身體又無任何遲滯感，提得起，放得下。

李雅軒對於弓步的講解十分注重沉勁，而不主張使勁前蹬，他說：「練拳當以沉勁為主，不可著意前推。」照片中的弓步也能看出這點。

李雅軒練拳，沉穩與神意高度融合，是其顯著特點，這從他眾多拳照中都能強烈感受到。他在論拳時說：「練拳主要仍還是練出手上的拳意來，有了靈感為第一，進一

步要這種靈感練得充實起來，養這種靈感。主要的練法，是在穩靜上練功，如不穩不靜，那就絕對練不出靈感來。如手上、身上、腦筋裡沒有靈感，那就不能算太極拳的功夫。」看這幅拳勢，是既穩且靈的。

弓步架刀，本來一招十分普通的太極刀法，在李雅軒演練起來，在平凡中見神奇。

此照片充分體現了「器械以拳術為基礎」的原理，從刀勢中可以看出李雅軒深厚的拳術功夫。內行看來，刀在他手裡只是一個符號，詮釋太極理法的一個工具符號。

【李雅軒小傳】

李雅軒（1894— 1976 年），楊式太極拳名家。名椿年，字雅軒。河北交河縣人。為楊澄甫著名弟子。幼年家貧，性好武術。始從少林拳師陳殿福學拳，1914年在北京正式拜楊澄甫為師，專攻太極拳。1928年投考中央國術館被錄取。1929年任教於浙江省國術館，繼續隨楊澄甫習拳。1934年就任南京太極拳社社長。1938年入川定居，從此在四川傳播太極拳術。

其太極拳架氣魄雄偉，舒展大方，教學嚴格認真，循循善誘，於太極拳理論有獨到見地，為楊澄甫弟子中較有代表性者。其女李敏弟、婿陳龍驤承其業，皆善太極拳。

祝大彤太極拳勢

恬淡虛無　自然而然
──祝大彤太極拳勢悟解

　　不管如何看待太極拳的起源，太極拳的核心主旨與道家思想高度吻合是毫無疑問的。道家最根本的一個觀點就是「道法自然」，順乎天道，順乎人道，就是自然。所以練太極拳的根本就是遵循人體生命規律，順應自然四時變化，激發自身能量，從自然界獲得能量，如此拳可入大道。

　　祝大彤先生從學京城三位太極大家楊禹廷、汪永泉、吳圖南，經過數十年研習，最終將自己的太極理法歸結為「自然太極拳」，就是要強調太極拳的「自然」屬性。

　　祝大彤先生的核心拳論是「九鬆十要一虛靈」。「九鬆」「十要」是練太極拳之前放鬆周身以進入修煉狀態，使人的頭、肩、肘、腕、手、腰、胯、膝、踝、腳、頸、胸、背、腹、臀等部位都要適應太極拳學的規範要求，九鬆是鬆身體的九大關節，十要是要求下收臀或溜臀、裹襠、收腹、吸腹股溝、展胸、圓背、內吸肩胸窩、弛頸。「一虛靈」，就是虛靈神頂，使頭部自然虛靈有神。

　　他所提倡的太極內功修煉，也是以「自然」為綱要，最重要的就是鬆、空、虛無，他認為，做到了這幾方面，內功自然就上身了。他反對一切著意的行為，比如頭頂的

「虛靈」，就是將精神意念、虛靈的想像在頂上，不必再生「提」。所以他在練拳中，要求徹底放鬆，完全不能著力。

祝大彤先生的拳照，注重內在的自然神氣感覺，沒有外在肢體的方圓擴張。這幅拳照中，手指、手掌、雙肩、雙肘、雙臂處處弧形，皆自然合抱，神意領起。我們可以其「九鬆十要一虛靈」的觀點對照體悟此拳照。

【祝大彤小傳】

祝大彤（1932年8月——　），著名太極拳研究專家。北京市人。初級小學學歷，自學大學課程，曾參加古典文學詩歌班，電影文學創作班學習，在文學期刊發表小小說、小說等文學作品，創作獨幕劇《一筐番茄》獲北京市職工優秀劇碼獎，並出版單行本。北京職工業餘影評組副組長，在各省市報刊發表影評百餘篇。1991年從原北京體委《體育博覽》雜誌社退休。集中精力研習傳統太極拳，根據自己多年研究心得，提出「自然太極拳」概念，並進行推廣。

自幼愛好武術、學練長拳24式。練習雙槓、舉重、游泳、長跑等國防體育項目。上世紀50年代在海軍任文化教員，東海艦隊淞滬基地業餘舉重隊隊員。1956年轉業回北京國營工廠工作，學練簡化太極拳24式、楊式老架及吳式太極拳。邊學邊教40餘年。曾隨吳圖南學練吳圖南鬆功和吳式太極拳，向汪永泉學習拳理。跟隨楊禹廷長期學習深造，重點學習了鬆空精華拳藝，明白太極拳的陰陽之理、中正學、立柱式身形以及八方線等傳統太極拳的鬆空拳

學。

　　上世紀90年代，開始在重要的武術期刊上發表太極拳論文130餘篇，其中在《中華武術》發表著名的《話說太極腳》《再說太極腳》，這兩篇太極腳的論文，在國內外太極拳界引起關注和震動，在《武魂》上發表《九鬆十要一虛靈》，後《武林》又發表《先有好腳後有好拳》和《修煉太極拳身體結構發生變化》的重要論文。太極拳理論著作有《太極解秘十三篇》（京華版）、《太極內功解秘》。此兩冊太極理論專著出版問世後，引起國內外太極拳愛好者的注意和轟動。《太極內功解秘》由人民體育出版社出版後，多次再版，為太極拳暢銷圖書。21世紀初，在香港出版《增補太極內功解秘》《太極解秘十三篇修訂版》。後人民體育出版社陸續出版了祝大彤自然太極拳理論專著《自然太極拳》《太極內功養生法》《太極內功解秘增補珍藏版》等書籍。祝大彤太極拳系列圖書，自2004年開始在臺灣大展出版社相繼出版繁體字版《太極內功解秘》《自然太極拳》《太極內功養生法》及《太極解秘十三篇》等自然太極拳理論和技術書籍。以上圖書於2008年11月被國家圖書館收藏。傳有入室弟子200多位，其中多人參加國際武術活動太極拳比賽，取得突出成績。

　　擔任「吳圖南武術思想研究社」副社長兼秘書長。並先後被聘為中國武當山武當拳法研究會顧問、梅州市太極拳協會首席顧問、北京大學武術協會顧問、中國政法大學太極文化與太極拳協會顧問、福建省武術隊太極拳技術顧問，莆田南少林武術協會授予榮譽會長。開辦有祝大彤太極拳網（www.zdttj.com），進行答疑教學。

田秋信陳式太極拳勢

海潮臨岸　倚天排山

——田秋信陳式太極拳勢悟解

　　不同流派的太極拳，風格上有著明顯的差別，同一種流派的太極拳，不同的拳家練起來也有許多的不同，這就是所謂的「個性」。

　　看田秋信練拳，總有一種清新、親近的感覺。這幅拳照，充分展現了田秋信陳式太極拳的風格，渾厚，開展，流暢，生動。

　　欲右先左，欲左先右，以腰為軸。此拳照中，腰與手、肩的配合完整一氣，無懈可擊。動靜相宜，動勢如濤，臨岸倚天，靜如岳峙，回環萬端。神態大氣沉雄，光華內斂。

　　處理好剛柔關係是陳式太極拳一項重要的功夫，這幅拳照對剛柔進行了生動詮釋。雙臂如柳舞風，身形不動如山，以柔引剛，以剛應柔。田秋信對於剛柔關係有著獨特見解，他曾經講解說：

　　「所謂剛，是有彈性，剛而不僵，剛不能像鍋爐房燒的那爐灰渣一樣，摸哪兒都扎手，很硬，用手一掰就掉一塊，這是屬於僵勁。剛是富有彈性的，剛而不僵，柔而不軟，柔中寓剛，鬆不能散，要保持一個展勁，逐漸達以天下之至柔馳騁於天下之至剛，有心求柔，無意成剛。剛不

是水缸的缸,也不是鋼鐵的鋼,它是富於彈性的剛。所以太極拳本身要通過久練,不是我說明白了你那勁就出來了。有一句話就是:水之流也,瀉而不止,以成大川;人之學也,學而不止,以成大聰。」

田秋信的陳式太極拳十分講究氣勢,他的拳架中還洋溢著一種浪漫主義的情懷。

他喜歡用詩詞的方式,闡述自己對於拳學的悟得。田秋信先生經常講解的一首自作《論拳詩》,可作為本拳照的精確寫照:

> 腹內似海形如潮,
>
> 轉換折疊在於腰,
>
> 進退起伏身要穩,
>
> 上下貫穿行指梢。

【田秋信小傳】

田秋信(1942—),陳式太極拳名家。河北完縣人,出生於北京。自幼隨家叔田秀臣習練陳式太極拳。20世紀60年代參與24式太極拳、32式太極劍等太極拳套路的推廣工作,取得突出成績。

90年代初在北京創立了華誠武術社並任社長,培養了大量國內外弟子,所教學員在北京市及全國太極拳比賽中多次取得優異成績。經常被邀請在大學、機關單位、公園等地教拳講學,其講課風格深入淺出,幽默生動,深受廣大學員、特別是大學生們的歡迎。

　　在中國科學院武術協會、北京大學陳式太極拳協會、清華大學太極拳協會、北京航太航空大學等高校社團中出任顧問。強調技擊是武術和太極拳的精華，在教學中注重將動作與技擊相結合，學以致用。注重將理論與拳架相結合，使學員知其然並知其所以然。

　　所演練的陳式太極拳形神兼備，勁路通暢清晰，鬆活彈抖，動作流暢大方。主張在繼承傳統的同時要吸取各家所長，取其精華，去除糟粕，去偽存真，不斷發展。在長期的教學實踐中不斷對陳式太極拳原有套路進行了一定的改造，已形成了個人獨特的風格特點。並根據自身體會，將太極拳要領作成拳詩。

　　為北京市武協委員，華誠武術社名譽社長。擔任中國科學院武術協會、北京大學陳式太極拳協會、清華大學太極拳協會、北京航太航空大學太極拳協會等單位和高校社團顧問。

提手上勢　林秋萍演示

萍蹤拳影　太極之花
——林秋萍「提手上勢」悟解

　　這是20世紀80年代拍攝的一幅林秋萍的太極拳照。

　　林秋萍有「太極之花」的美譽，曾連續多次獲得全國和國際性武術比賽太極拳冠軍，主演了轟動一時的功夫片《木棉袈裟》。

　　林秋萍開創了福建武術隊太極拳冠軍時代，自她以後，高佳敏、陳思坦等人連續稱霸太極拳壇，形成中國太極拳一道亮麗風景。

　　「柔和舒展、端莊大方，優美恬靜」是「林氏太極」風格的標籤。此提手上勢，雙手揮出，身體後坐，面帶微笑，穩定自若，虛實分明，不急不躁，是標準的林氏風範。

【林秋萍小傳】

　　林秋萍（1964年—　　），女，著名太極拳運動員。全國太極拳比賽冠軍。福建福州人。武英級運動員。1989年於北京體育學院教練專科畢業。1977年進入福建省武術隊，師從曾乃梁訓練太極拳。

　　參加比賽期間，自1980年起，基本囊括了所參加的各類大賽的太極拳、械冠軍，其中包括1980—1989年獲取3

58

居國際武術邀請賽女子太極拳冠軍、9次全國武術錦標賽太極拳冠軍及中日太極拳劍比賽冠軍，被稱為「太極之花」。

1985—1988年參加國家體委編寫的24式、48式、楊式太極拳競賽套路技術錄影動作示範演練。以典雅優美的太極拳造型，輕柔舒展的拳勢影響一時。多次隨國家和省武術代表團出訪波蘭、羅馬尼亞、日本、菲律賓、香港、澳門等國家和地區。曾在著名武術電影《木棉袈裟》中擔任女主角。1990年到德國從事太極拳教學，為五屆全歐武術太極拳公開賽主要承辦人之一。

如意太極拳　石明演示

顧盼神意　無心雲逐

——石明太極拳勢悟解

　　石明先生在京城太極拳界是一位很獨特的人。

　　在全國範圍內的太極拳愛好者中，他的知名度並不很高，但在北京太極拳界內部，他卻有著很高的評價。著名武術家吳彬先生曾經說：「石明老師是真正懂得太極拳精髓的人。」中國武術協會的多位太極拳研究專家也都專門向他請教過太極拳的功夫。

　　太極拳研究家肖維佳先生是一位執著並且極有悟性的人，跟隨石明研習太極拳多年，不離不棄，大有所得，這也從另一方面體現出了石明的太極功夫魅力。

　　石明先生生前很少拍拳照。1989 年，應我的邀請，他欣然在紫竹院公園拍攝了一組黑白拳架動作演示照片，十分珍貴。這是其中的一張。

　　風竹搖曳，拳影回環。竹之氣節與拳之氣脈相映相應，根於地，通乎中，達於根。石明的拳深合這水光竹舞的自然景境。難怪他格外喜歡紫竹院的這片地方，在走遍京城很多公園後，他落腳於此，授拳、研拳。

　　20 世紀 90 年代初，國畫大師李苦禪之子李燕先生多次來到石明授拳處，請教太極拳的文化與技術問題，大有裨益。有一天，他忽然帶著雕鑿工具來到紫竹院公園中心

島，在一塊寬約半公尺、長約一公尺的大石頭上鑿下了巴掌大小的一個「明」字，感詠其太極境界。

石明太極拳核心體現在一個「意」字上。

「意」是太極拳中一個重要的概念，既基本、又高深，對它的理解、爭論也很多樣化。

太極拳論「用意不用力」，有人解釋為不用拙力，不用力怎麼動作？在意指導、結合下的力又被稱為「勁」，勁也衍化出很多種。

其實，最核心的問題就是怎麼用意。石明對「意」的理解是，不是「用意」，而要「如意」，何為如意？就是要讓意自由自在，不去強化，不去綁架它。如意，則是在「用」與「不用」之間。只有如意，這個意用得才不執著，才達到太極拳的「空」「靈」境地。無意，有神，這是石明太極拳所呈現的狀態。

看此幅拳照，身體靜而動，顧盼生輝，精神內蘊，處處呈現靈動之勢，特別是人與自然的呼應關係，有不可言喻之妙，處於「用意不用力」「無意乃真意」的平衡線上，有著「岩上無心雲相逐」的自由、自如與灑脫。

石明的一位學生曾對石明拳照說過自己的感受：「老師的拳照，睜眼看時都是靜，閉眼看時都是動。」此話大可玩味。

石明有一種觀點，練太極拳要練什麼扔什麼，一邊練，一邊扔，勁要扔，意也要扔，都扔沒了，就「空」了。從空處做文章。把自己倒空，才能容物，空了，才是自然，才是春風大雅。空是最大的實。

20世紀80年代，石明活躍在北京西郊的紫竹院公園，

特別是每個週末，紫竹院湖心島上聚集了來自北京城南城北的眾多太極拳研習者，他們跟隨石明一起練習、研討太極理法，成為京城太極一大盛景。那時，我曾寫過一篇文章《紫竹風清》介紹有關情況，刊登在武術雜誌上。

【石明小傳】

石明（1939— 2000 年），太極拳家。祖籍山東。自幼體質不好，隨其父練習少林小洪拳，這是他最早的武術實踐。

1949 年移居北京，進京後拜師學太極拳。啓蒙老師為恒壽山弟子崔省三，習武式、吳式太極拳。工作以後，又學習楊式太極拳，正式拜在朱懷元門下，並得到汪永泉的點撥。跟隨朱懷元學習過程中，除了楊式太極拳外，還學習了如意通臂，並將其與太極拳相結合，為其後來拳學的發展產生了重要影響。

為追求太極拳眞髓，廣泛對京城太極拳進行訪問、觀摩、交流，在長期的練習實踐和研悟中，綜合各派太極的精髓，根據自身對太極拳理法的領會，獨有心得，悟創太極拳練法，名之為「如意太極拳」，並總結出一套獨具特色、功效顯著的教授方法，在海內外獲高度評價。

在太極拳理法上有許多獨特貢獻，如他認為「飄、走、接、散、虛、空、肩、腰、胯三道氣圈，這就是太極拳體用的全部」。總結：「要想與人接手不犯丟、扁、頂、抗等毛病，必須具備兩個條件。一是飄，二是走。」所謂飄，就是全身關節肌肉節節鬆開，僵力拙力完全除掉，腳下沒有一點死力之處，且有一種升騰感；所謂走，

即是「意為嚮導氣隨行」，內勁能在自身體內隨意遊走。

在教學上強調內功的入門築基功，依照太極拳的道理循理求精、循序漸進、因材施教。將「無極棍」作為入室之基，以站樁為開端，結合單操手、探海樁、活胯功等輔助功法，幫助不同的對象先在「體」上完成「挖溝開渠」的任務，使其能逐步體悟到太極內功的內容。行拳上細緻入微，細膩深邃。

20世紀70年代末，開始在北京紫竹院公園設場教拳，京城許多社會名流隨之學習。弟子傳人有肖維佳等。出版有《太極拳的神意修持》等著作。

搬攔捶　吳文翰演示

筆意千秋拳爲書

──吳文翰太極拳勢悟解

　　吳文翰先生有「武林一支筆」之稱，他在太極拳歷史、文化等方面做了大量工作，發表了眾多研究文章。

　　與他筆寫太極相對應，他在太極拳實踐上也有著精深的造詣。他在河北曾從師李聖端習練武式太極拳，為嫡傳正脈。上世紀80年代就作為武式太極代表人物參加全國太極拳研討會，在理法上的見解受到推重。

　　武式太極拳被有人稱為「文人拳」，它的兩位最重要人物武禹襄、李亦畬都是文人，在太極拳理論建設上貢獻很大。武禹襄的《十三式行功要解》《太極拳解》《太極拳論要解》《十三式說略》《四字秘訣》《打手撒放》《身法八要》等，李亦畬的《五字訣》《撒放密訣》《走架打手行工要言》均為驚世之作，不僅是武式太極，也被各流派太極拳尊為法度。

　　吳文翰先生對於武禹襄的拳論貢獻十分推崇，曾專門提出要對武禹襄武學思想進行研討。在幾十年的拳術實踐中，還身體力行，孜孜以求。我們從吳文翰先生拳架中可以更加透徹、形象地領悟武禹襄等拳論的精要。

　　武式太極拳講究用意氣的變換來支配外形的運動，強調走內勁而不露外形，所以外在架子不一定很大，但氣勢

浩蕩。

　　吳文翰先生此拳照為武式太極拳「搬攔捶」之擊捶動作，於2006年在北京郊區拍攝。據吳文翰先生介紹，此「搬攔捶」勢還得到崔毅士先生傳授，乃從邢臺李香遠處得來。擊拳時「其根在腳，主宰於腰」，上頂下沉，全身完整一氣，正身正胯，雖為前擊，但身體不前傾。右拳擊出腕部平直，拳面微俯，左掌在右拳下，掌心向下，護持右拳。雙臂鬆肩沉肘，曲中求直。吳文翰先生在闡述此擊捶要點時說，右拳前擊如鑽穿物，要有擰旋之意，不是直線前擊。

　　此拳照呈現的另一身法上的妙處即為「虛領頂勁」，這是吳文翰十分注重的武式太極的要領。他在講解「虛領頂勁」時說，「虛」是虛虛的、微微的意思，這就是「用意不用力」，不要用力向上頂。「領」有兩個含義，一個是領起來，另一個就是領導的意思。「頂」，是指頭頂百會穴。這句話的整個意思就是有意識地、微微地領起百會穴後，面部就能夠端正，然後領導全身進行各種運動。這幅拳照呈現的就是這樣一種「虛領頂勁」的狀態。

　　對於練拳中如何做到「虛領頂勁」，吳文翰給出了操作方法：

　　第一，兩個眼要平視，這樣面部自然端正。

　　第二，下頷要微收，口微閉，舌抵上齶。

　　第三，脖頸要自然豎起來，不要過於用力。

　　最重要的是要從整體上要求，不能只是強調某一點。在整體上做到了太極拳的各種身法要領，也就能做到「虛領頂勁」。還要和拳式動作結合起來，時刻注意「虛領頂

勁」。把精神提起來，這是練好太極拳的關鍵。

【吳文翰小傳】

吳文翰（1928 年——　），武式太極拳名家、太極拳研究家。從師李聖端學習武派太極拳。1986 年、1989 年曾先後應邀作為武派太極拳代表參加第 1 屆、第 2 屆全國太極拳名家研討會。長期堅持武術理論研究，在太極拳史、太極拳理法等方面有深刻造詣，在各類武術雜誌發表論文數百篇。

作為武式太極拳名家，多次應邀參加各種國內外重要太極拳交流、學術研討活動，如 2002 年 9 月在北京舉辦的中日韓太極拳交流大會、2003 年 12 月在廣州華南師範大學舉辦的「太極拳國際學術論壇」等。曾被聘為第 2 屆、第 3 屆世界太極拳修煉大會太極拳導師。

1998 年第 5 屆中國永年國際太極拳聯誼會授予「特級大師」稱號。2002 年中國永年國際太極拳聯誼會授予「功勳杯」。其弟子在國內外太極拳比賽中獲得了多項優異成績。為河南省鄭州市武式太極拳研究會名譽會長、河北省石家莊市武派太極拳專業委員會導師，北美洲武（郝）派太極拳總會名譽會長，國內外多家太極拳組織顧問，多年擔任《武術健身》特邀編輯、《武魂》雜誌編委。著有《武派太極拳體用全書》等書。

梅蘭芳太極劍勢

武藝交輝　鳳凰于飛
——梅蘭芳太極劍勢悟解

　　現在一般在闡述中國武術的價值時，多概括為三大功能：一為技擊，一為健身，一為精神陶冶與修養。也有人將第三點稱為表演和娛樂功能。

　　武術的美，美在形神兼備。外形優美，好看，同時具有神采的美，具有東方的藝術風韻和味道。京劇藝術本身就是極為講究造型的藝術，它的身段變化就是人體藝術表現的一種高級境界。能夠看到中國最頂級的藝術家演示的純正的武術招勢，對於我們領悟武術的藝術表現力無疑具有十分珍貴的研究價值。

　　在中國藝術家中，練武術者大有人在，並且是認真研練，深入鑽研。如李苦禪、梅蘭芳、程硯秋等，都是有很深造詣的。

　　梅蘭芳曾從師於著名太極拳家高瑞周學習太極拳，用功多年，現在留傳下來的還有梅蘭芳和高瑞周練習太極推手的照片。梅先生特別在太極劍上很用心思，這對他的京劇藝術也是大有幫助的。1955年，著名戲劇家吳祖光先生執導的《梅蘭芳的舞臺藝術》電影藝術片中，還記錄了梅蘭芳在家裡庭院中演練李式太極劍套路的鏡頭。

　　梅蘭芳對太極劍情有獨鍾，據說，傅鍾文先生有一次

在朋友家中遇到了梅蘭芳先生，梅蘭芳講到自己曾經跟楊澄甫也學過太極劍，《霸王別姬》中的劍舞創編就借鑒了楊澄甫所傳授的技術。

這幅太極劍照片是梅蘭芳演示的李式太極劍勢「鳳凰展翅」，架勢優美，工整規範，身形挺拔，神采奕奕，十分珍貴。在梅蘭芳誕辰一百周年紀念畫冊中，就刊登了這幅照片，既是武林、藝林融合借鑒、交相輝映的一段佳話，也展現了一位傑出藝術家對於武術身體力行的風采，為我們從藝術的角度理解太極拳提供了一個很好的範本。

【梅蘭芳小傳】

梅蘭芳（1894—1961年），京劇藝術大師。名瀾，字畹華，另稱浣華，別署綴玉軒主人，藝名蘭芳。生於北京，祖籍江蘇泰州。出身於梨園世家，8歲學戲，10歲登臺。工青衣，兼演刀馬旦。擅長旦角，扮相端麗，唱腔圓潤，颱風雍容大方。刻苦學習昆曲、練武功，喜愛中國傳統太極拳，長期認真堅持鍛鍊，並從中汲取藝術元素融會在京劇中。

經過長期的舞臺實踐，對京劇旦角的唱腔、念白、舞蹈、音樂、服裝、化妝等各方面都有所創造發展，形成了自己的藝術風格，世稱「梅派」。

玉女穿梭　崔秀辰演示

玉女飛天　星光爛漫

——崔秀辰「玉女穿梭」悟解

　　崔秀辰是北京楊式太極拳界一位特殊人物，她既是崔毅士的女兒，也是他的主要傳人之一，曾在各種太極拳比賽中獲得過突出成績，20世紀北京武術界的老武術家們都對崔秀辰留有深刻印象。崔秀辰跟隨崔毅士學拳時，正是崔毅士先生拳功拳技最為成熟之時，崔秀辰整日隨父研習，受到嚴格督導、訓練，真實、系統繼承了崔毅士的拳學精髓。因此，學習、揣摩崔秀辰拳照是研究崔毅士太極拳的一個重要途徑。

　　崔秀辰的這幅拳照為「玉女穿梭」的中間過程，拳架樸實端莊，鬆靜舒展。兩手為掌形，掌心向上，即將翻掌外推，鬆緊有度，兩腳縱橫三角形支撐結構，雙臂弧形上下相疊，錯落中有展合之勁，沉肩墜肘，腰胯鬆沉，含胸但不凹塌，目視前方。玉女穿梭的定勢為弓步架推，此拳照展示了外推前的狀態，更能讓人仔細觀察身法、勁法的變化。拳招未出，玉女飛天的勁勢已盛。

【崔秀辰小傳】

　　崔秀辰（1918—1992年），女，楊式太極拳家，崔毅士之女。河北任縣人。北京楊式太極拳的主要傳人之一。

幼承家學，8歲隨父學拳，聰明好學，刻苦用功。受到其父精心栽培，習武60餘年不斷。系統掌握楊式太極拳、劍、刀、太極杆及太極推手功夫。深得其父薪火之傳，繼承了崔毅士先生楊式太極拳之遺風，在北京市武術界享有「崔大姐」之美譽，深得武術界各門派讚譽。

　　自上世紀50年代起多次參加北京市武術比賽：1957年參加北京武術觀摩表演大賽榮獲楊式太極拳第一名，同年其父指導與監督拍攝楊式太極拳126式照片，留傳後世；1979—1981年，連獲三年北京市老年新長征運動會楊式太極拳第一名；1991年攜子張勇濤參加北京市首屆家庭武術比賽，以太極拳、太極劍雙項第一名榮獲特別獎。1958—1978年期間先後在北京地質學院、北京音樂學院、越南大使館、印度大使館、北京東城區體委及北京東單公園等地傳授楊式太極拳。1964年與其父創編《傳統楊式簡化42式太極拳》，一經面世，深受太極拳愛好者的喜愛，作為經典套路，至今流傳於海內外。1968年還與其父創編「42式太極棍」，同時構思「太極13槍」，為繼承和發展太極拳做出突出貢獻。

　　1978—1991年期間先後在北京體育學院、國際關係學院以及四川財經學院、四川省委黨校、安徽省武術協會等傳授楊式太極拳，曾應邀赴香港傳授楊式太極拳。終生從事楊式太極拳的普及與傳播，長期從事太極拳教學和武術裁判工作。多年來培養學生數千人，遍及海內外。

　　曾任北京市武協委員、北京市東城區武協委員、北京市楊式太極拳研究會首任會長。

楊澄甫太極拳勢

行拳楷模　太極宗風
——楊澄甫太極拳勢悟解

　　楊澄甫為楊式太極拳中興人物。所謂中興，一定是承上啟下的。

　　承上，最突出的貢獻就是在前人拳架的基礎上，規範定型了楊式大架套路，他所定型的這個套路，是當今世界各地練習傳統楊式太極拳所共同遵循的模版。

　　啟下，最顯著的成就就是培養了大批弟子學生，把楊式太極傳播到國內外。

　　楊式太極拳的架式最權威的形象，大家公認是楊澄甫留下的拳照。他的系統拳照共有兩套，一套是中年時期的拳照，是楊澄甫 1919 年 36 歲時所拍，1925 年刊登於陳微明所著的《太極拳術》中（如圖，楊澄甫年輕時的拳照）。一套是 1929 年楊澄甫 46 歲時所拍，刊登在 1931 年出版的《太極拳體用全書》中，後者更加成熟，一般都以此為標準版本。他的眾多弟子，如傅鍾文、李雅軒、崔毅士等廣泛傳授的都是以這套拳照為根本的。

　　這兩套拳照是研究楊式太極拳技術軌跡的重要資料，對比研究這兩套拳照可以看出，在基本練習要領上，有著一以貫之的恒定，這是楊家千錘百煉後提煉的楊式太極風格精華。在套路組合、一些動作的細節上有所變化，基本

上是一個由博返約的過程，難易程度、繁簡程度有所不同。

楊澄甫晚年的這套拳照，神意飽滿，端莊大氣，起承轉合，氣象萬千。雖是靜態圖片，但細細觀之，動若風雷，柔中寓剛，綿裡藏針的真義精妙絕倫。

【楊澄甫小傳】

楊澄甫（1883—1936年），著名楊式太極拳家。名兆清，字澄甫。河北永年人。為楊式太極拳創始人楊露禪嫡孫。其父楊健侯，為楊式太極拳第二代重要代表人物。楊澄甫自幼得父調教，秉心悟學，拳藝精熟。

他在楊式太極拳架基礎上，進行了大幅度修改與加工，使整套拳架更加開展簡潔，柔和平易，立身中正安舒，行功輕靈灑脫。修改後的套路更有宜於推廣傳播，受到社會的普遍歡迎，有力地促進了楊式太極拳的普及，楊澄甫也因此被譽為楊式太極拳承前啟後的大家。

他還是近代太極拳傑出的教育家。早期以北京為基地傳授拳藝，後應邀至南京、上海、廣州等地教學，並先後受聘於中央國術館、浙江國術館，分別任「武當六長」及「教務長」等職。楊澄甫在長期授拳過程中，對楊式太極拳的教學方法進行了系統總結，並定型了楊式太極拳技術體系的基本框架。

他一生培養了大批太極拳人才，影響遍及海內外。為太極拳普及發展中具有重大歷史影響的傑出人物。共有四子，長子振銘、次子振基、三子振鐸、四子振國，皆習傳太極拳。其他弟子中較著名者有楊兆鵬、武匯川、田兆

麟、董英傑、王旭東、閻月川、牛春明、田作林、徐岱山、褚桂亭、劉論山、李得芳、李雅軒、陳微明、楊鳳歧、張慶霖、鄭佐平、王其和、崔毅士、王鏡清、楊振聲、姜廷選、陳光愷、張慶麟、王保還、邢玉臣、劉盡臣、匡克明、楊鴻志、于化行、濮冰如、滕南璇、奚誠甫、朱紉芝、郭蔭棠、李萬程、張種交、呂殿臣、郭清傑、傅鍾文、趙斌、傅宗元、鄭曼青、陳月坡、蔣玉堃、葉大密、吳志青、汪永泉、曾如柏等。其所著《太極拳體用全書》《楊式太極拳使用法》為楊式太極拳的經典著作。

吳鑒泉太極拳勢

自在天地鑒拳心

——吳鑒泉太極拳勢悟解

　　吳鑒泉的拳是有仙風道骨的，脫胎於人間，養之於天地。

　　看書能夠增長知識，陶冶性情。練拳也能提高志趣，提升氣度，拳養人，拳有心。從吳鑒泉先生身上我們能強烈感受到這種滋養的效果。他透過練拳與自然溝通，體味自然與人體的感應、感懷和感動，那份優雅，是發自內心的自信、從容。

　　吳鑒泉的這套拳照，顯示了已入化境的太極功夫，其舉手投足間，周身有虛靈之氣，彷彿不識人間煙火。但又毫不懈軟，空靈出升騰出神采洋溢。吳式太極拳有人稱之為「綿拳」，其風格上較楊式更為柔和，但鑒泉先生的拳照，充滿飛動之勢。對於他的拳照，要從靜中細細體會動的意味。

　　據傳，吳鑒泉先生留下的拳照共有兩套。

　　第一套是上世紀20年代在北京拍攝的，身著白衣，共42張（如圖：吳鑒泉先生白衣拳照）。其中39張是個人照，還有3張是和其子吳公儀先生的推手照。

　　第二套拍攝於30年代，身著灰衣。是由陳振民安排拍攝的，最早分刊在當時有名的運動雜誌《康健》上，共90

多幅。後選了63幅收入陳振民、馬岳梁編著1935年出版的《吳鑒泉氏的太極拳》中。此拳照為其中一幅。

【吳鑒泉小傳】

吳鑒泉（1870—1942年），傑出太極拳家，「吳式太極拳」定型者。又名愛紳。河北大興人。滿族。為太極拳家全佑之子。幼承家學，隨父習拳，並有獨到悟創。其拳架以柔化為主，端莊祥和，自然流暢。在推手中百煉鋼化為繞指柔，不丟不頂，如水賦形，引進落空，體現出太極功夫的高妙境地。經進一步對家傳套路的改造，形成吳式太極拳的基本形態，向社會公開傳授。

1914年，應許禹生之邀，在其創辦的北京體育研究社教授太極拳。1928年，應邀到上海傳拳，被上海精武體育會和國術館聘為教授。1933年在上海創辦「鑒泉太極拳社」，後遍及南方眾多省份以及港澳及海外。由於其精深純正的功夫和對太極拳發展傳播的巨大貢獻，稱為20世紀最為傑出的太極巨匠之一。

懶紮衣　陳發科演示

大馬金刀　傲立千秋

──陳發科「懶紮衣」悟解

　　在太極拳發展史上，有幾位拳家做出了開創性的貢獻，陳發科是其中一位。所謂開創性，就是為太極拳的進程帶來了跳躍性的發展。

　　在陳家溝拳家中，陳長興是第一位，他把陳式太極拳首傳「村外」，直接催生了「楊式太極拳」，並導引了後來的其他幾大流派的誕生。陳發科是第二位，他使陳式太極拳大步由「陳家溝」跳躍至京城，並進一步傳播全國、全球。有太極史學家斷言，當今習練陳式太極拳者，有半數以上承傳於陳發科或與之有密切淵源關係。由於他在陳式太極拳推廣上的傑出貢獻以及精純深厚的功夫，被武林界稱為「太極一人」。

　　因此，關注、研究陳發科陳式太極拳功技體系是深入領會太極拳的重要修持課。他所留下的拳照則是學習研究陳發科功夫最直接、最有效的參照物。

　　20世紀三四十年代，雖然當時攝影技術已經有一定程度的發展，但可惜一些太極大家沒能留下影像資料。陳發科總共留下了兩百多幅拳照，一定程度上彌補了沒能留下視頻的遺憾。這些拳照，每幅皆可圈可點，可作為「法帖」臨摹。

　　這幅「懶紮衣」，身正氣順，雖為蓄勢動作，但內外充滿張力，大馬金刀一蹲，大有一夫當關萬夫莫開的氣派。凝神靜氣，彷彿世間的紛紛擾擾與我無關，目光深邃，注視前方，千年一望，望盡春秋。

　　架子四平八穩，動勢亂雲飛渡。一氣在丹田，運轉乾坤。立定中軸，支撐八面。開可納百川奔騰，合即收萬壑鬆風。靜中寓動，動極思靜。陳式太極的陰陽玄機，當從陳發科此勢中細細品鑒。

　　陳式太極拳「懶紮衣」的核心要領在於，要收中有放，放中有收，合中寓開，開中有沉勁。功力不到者練習容易穩不住，沉不下來。陳發科此勢不急不躁，老辣純熟。

　　在陳式太極拳名家中，陳長興有「牌位先生」之稱，言其中正安穩，陳發科的拳照生動再現了這一稱號的意義。

　　不拖泥帶水，乾淨俐落。這正是當今許多練習陳式太極拳者所欠缺的。有人練習陳式太極拳，過分追求節奏的變化與肢體的變化，大耍花活，零碎眾多，失掉了大氣與雄邁，而這卻正是傳統陳式太極拳十分寶貴的東西，陳發科的拳照為此做出了最好的註解。

　　陳發科當年隻身闖京城，打下一片天地，也引來眾多武林高手切磋交流。據說，陳發科不善言辭，教學皆「以身示法」，使學者有深刻「體」悟，從拳照中能想見其當年強悍的功夫風範。

　　遙想陳公當年，雄姿英發，橫刀立馬，天下英雄誰敵手？

【陳發科小傳】

　　陳發科（1887—1957年），陳式太極拳大家。河南溫縣人。為陳家溝陳氏第十七世孫。其曾祖陳長興、其父陳延熙皆陳式太極拳名手。陳發科幼承家學，訓練刻苦專心，較為全面地掌握了陳式太極拳的技理體系，成為一代名家。由於其本身的實踐基礎，故透徹掌握了陳式太極拳的教學規律，成為近代武術史上傑出的教育家。

　　1928年應邀赴北平傳藝，使陳式太極拳迅速在社會上流傳開來，奠定其全面發展的基礎，開創陳式太極拳發展的新局面，為太極拳的發展做出了巨大貢獻。

　　當世習練陳式太極拳的眾多支脈許多都是陳發科弟子所傳承。學生中多有彰著者，代表人物如陳照奎、許禹生、沈家楨、顧留馨、馮志強、洪均生、李經梧、侯志宜、雷慕尼、孫楓秋、田秀臣、陳預俠等。

　　跟隨其學習的還有楊易辰、牛亮、趙仲民、張一帆、劉慕三、劉子成、劉子元、巢振民、田化軒、李道一、李福壽、趙九洲、朱瑞川、宋立衡、陰雲霄、田華、郭永鎮、王瑞芝等人。

掩手肱捶　陳正雷演示

雖千萬人吾往矣

──陳正雷「掩手肱捶」悟解

陳式太極拳的顯著特點就是剛柔相濟。處理好了剛柔的關係，才真正把握了陳式太極拳的真要。

太極拳的剛柔關係，看似簡單，實則很難。

從形式上看，有速度快慢，有勁力大小就有剛柔，這只是基礎。更高的層面是在方法上，在氣勢上。因此，陳式太極的高境界是要練出氣勢，而不是簡單的勁力，要以勁力為根基，在運勁中出氣勢，出境界。看眾多陳式太極拳師，出勁力者眾，出氣勢者少。有了氣勢，拳才能化僵為柔，柔中寓剛。

陳正雷的拳法，一向蘊積典雅，不急不躁，運化自如。有雲淡風輕中運生激盪風雷的氣勢。這幅「掩手肱捶」，十分典型地體現了這一特點。這幅拳照，展現的是「掩手肱捶」發勁前的狀態，「好勁看在未發時」，它能更透徹地反映出這一勢的妙處。

「掩手肱捶」為陳式太極著名的發勁動作，很多初學者容易把注意焦點放在勁力迸發的那一瞬間。其實，那一瞬間是前面運功、蓄勢、調形、調息的自然結果，是水到渠成的呈現。

因此，更重要的是前面的那些過程，比如射箭，立

身、張臂、拉弓、呼吸、瞄準這些環節做好了，放箭才能成功。而太極拳的發勁較之射箭，過程更加複雜，因為它要有神意的融合，箭射出去，過程也就完畢，但太極拳的發勁，勁發出去，轉換才剛剛開始。

陳正雷的此勢，呈現了太極名師對於太極功技內外如一精純的駕馭能力，有著化繁為簡的大度。身體各部分鬆中有緊，中軸穩而不亂，呈現「蓄勁如張弓」的緊湊。身體為開放性結構，與無限的外在空間對接，左手五指微張，遙應勁力擊點，右拳虛虛領起，虛中有實，左右手、左右腿已呈回環交錯之勢，身體微右側，鬆沉擰裹、一觸即發、不可阻擋的狀態已然形成。看此拳勢，頓生「雖千萬人吾往矣」的豪邁情懷。

細品此拳，從蓄勢待發的結構，人體結構，氣脈結構，心性結構，就能體悟出拳的氣勢與境界。

【陳正雷小傳】

陳正雷（1949年5月—　），陳式太極拳傳人，著名太極拳家。河南溫縣陳家溝人。陳家溝陳氏第十九世孫。8歲起隨退休回鄉的伯父陳照丕習拳。陳照丕去世後，自1973年始，又從師於堂叔陳照奎練功8年。1974年被選拔參加河南省武術比賽，先後多次獲優秀獎。1978年參加全國武術比賽，獲國家體委頒發的特邀表演獎。1985年獲河南大學體育系文憑。1986年5月，獲全國武術觀摩交流大會金獅獎。同年10月，在山西省太原市舉行的全國太極拳、劍比賽中，獲陳式太極拳金牌。

自20世紀80年代起開始從事教學工作，培養太極拳

人才。1982年後，分別擔任縣體委教練、河南省武術館教練、陳家溝太極拳學校校長等職，並多次應邀出國傳授技藝，為國際知名的太極拳教練。1991年被中國人物年鑒編輯部列入《一九九一年名人年鑒》。著有《陳氏太極拳械匯宗》《陳式太極拳養生功》等書文，並錄製了《世傳陳氏太極拳》教學片。

2001年，應邀在首屆世界太極拳健康大會上作名家演示及輔導，2004年獲首屆世界傳統武術大會金牌。多次受邀擔任各類國際性太極拳大會輔導名家，廣泛在各國傳播太極拳功夫，在全國及世界各地成立有太極拳推廣機構。被評為「當代武術十大名師」，為當代陳式太極拳的代表性人物之一。子女均繼承家學，為太極拳後起之秀。

傅清泉太極拳勢

平沙無痕　林泉洗心

——傅清泉太極拳勢悟解

在太極拳家中，傅清泉是具有獨特氣質的一位。他有著出身太極名門的矜持、傳統，也有著現代青年的活力、通達。有人學太極拳，覺得是被約束在傳統的框架中行動，跟隨傅清泉學拳的學員說，跟傅老師學拳，覺得太極拳是為我的生活服務，輕鬆，自在。傅清泉把太極拳作為一種生活方式，引薦給大家，這是他的成功之處。

自幼在祖父、父親指導下練拳，受到嚴格的傳統理法薰陶，曾入選上海武術隊，當過武術運動員，這兩個特點在傅清泉身上得到了充分融合，並轉化為他的獨特的巨大優勢，使得他成為年輕一代拳家中的佼佼者。

傅清泉的太極拳演練，功架紮實，流暢生動，不疾不徐，從心所欲。這幅楊式太極「提手上勢」，氣貼脊背，意貫梢節。拒敵千里之外，穩守中軍帳內。虛實得當，舉重若輕，收放不羈，有落地無痕的輕靈。

傅清泉是一位很有激情的青年太極拳家，他的激情是融化在他的太極拳架中的。

所以他的拳架是富於感染力的，在繼承了家傳的太極拳風格與精要基礎上，與前輩相比又有一些變化，這種變化就是與時代感相結合，洋溢出的新意與活力。

　　傅清泉還有一個顯著的特點，就是教學上生動細緻，深入淺出。繁複、深奧的拳理經過他的示範講解，變得容易理解、容易操作，這是一門很深的功夫。把簡單的事情說複雜，易；把複雜的事情說簡單了，難。因為你首先要理解的深，還要化繁為簡。

【傅清泉小傳】

　　傅清泉（1971年—　），楊式太極拳名家。上海人。傅聲遠之子。6歲起隨祖父傅鍾文和父親傅聲遠練拳，打下堅實的傳統太極根基。少年時作為專業運動員接受專業隊科學訓練，參加國內外武術比賽多次獲太極拳冠軍。1989年代表國家隊參加中日太極拳比賽，獲得楊式太極拳冠軍。同年隨父親移居澳洲，創辦傅聲遠國際太極拳學院。為弘揚太極拳先後應邀赴世界各國及地區講學，傳授傳統楊式太極拳。

　　在教學中善於將太極拳的理論和現代生活實踐相結合，條理清晰，形象生動，引人入勝。其學生在各地的太極拳比賽中也獲得突出成績，中央電視臺曾為其拍攝專題教學片。與其祖父、父親合著有《嫡傳楊式太極拳教練法》一書。為世界永年太極拳聯盟副主席，澳洲傅聲遠國際太極拳學院院長，香港太極泉友會會長。享有「太極少帥」的美譽。是當代具有廣泛影響的太極拳重要人物。

吳忍堂太極拳勢

掌中乾坤大

——吳忍堂趙堡太極拳勢悟解

掌是太極拳中最重要的一種手形，運掌的功夫不可小看，是否會運掌，關乎太極拳練得好不好。

會運掌的標準是什麼？要運得鬆，運得有氣，還要運動全身，不僅僅是孤立的掌。

趙堡太極拳在運掌方面很講究，也很有特色。趙堡太極拳在運架過程中大部分時間手掌張開，為「運掌」之勢，要求同時全身鬆開，氣貫四肢。吳忍堂先生此拳勢充分體現了這一特點。

張開的手不能散，所以保持「掌型」，大拇指內合，有內扣之意，掌指雖外撐，掌心要內含，這些都是保持氣攏的要領之一。

趙堡太極拳動作小，緊湊靈活，掌法變化豐富，身轉、步行、手轉處處以圓為導引，渾然一體，運掌過程中要以輕、靈、柔、順、活為要領。多觀摩其名家行拳，是我們體悟太極「掌功」的一個良好途徑。

2005年，吳忍堂先生來京，我曾與之就趙堡太極拳理法進行過深入長談，並為其拍攝了一套拳照，此勢即為其中之一。

【吳忍堂小傳】

　　吳忍堂（1949年—　　），陝西西安人。自幼隨父親吳漢章先生學習道家內功及中醫術，1961年拜父親摯友武當趙堡太極拳第十代宗師鄭悟清先生為師，研習武當趙堡太極拳技。因尊師重道，虛心求教，並能汲取眾家之長，彌補自己不足，故深受鄭悟清先生的喜愛並在拳理功法上言傳身教，悉心傳授，此為吳忍堂先生的太極拳實戰搏擊奠定了堅實的基礎。

　　吳忍堂先生數十年苦練不輟，深入領悟武當趙堡太極拳真諦；特別重視對傳統武術的理論和搏擊進行積極研究；曾在國內多種武術專業雜誌上發表論文及專著，如《要重視太極拳搏擊技藝的研究》《用意不用力的辯證關係》《趙堡太極拳推手秘訣》《什麼是太極拳搏擊》《答讀者問》等多篇；並編製《武當太極拳教學大綱》《武當趙堡太極拳搏擊集錦》《武當趙堡太極拳集錦》。並為來自國內外太極拳愛好者親自授藝，為其他城市太極拳愛好者舉辦學習培訓班，並受聘擔任武警西安指揮學院武術顧問。弟子遍佈國內許多城市和國外多個國家和地區。

　　吳忍堂先生還對武當趙堡太極拳獨特的強身健體和延年益壽的養生之道很有研究，這得益於從小學習並繼承了傳至父親吳漢章先生的家傳中醫和道家內功。2002年陝西電視臺以「獨特的武當趙堡太極拳風格」連續播放吳忍堂先生的拳架演練。為武當趙堡太極拳西安悟清拳法研究會會長、總教練、中國武當山武當拳法研究會顧問、武警西安指揮學院武術顧問。

吳公儀太極拳勢

體用結合　自然性情
——吳公儀太極拳勢悟解

　　吳公儀是太極拳歷史上一位響噹噹的人物。

　　一是因為他參與了近代武術史上一件響噹噹的事，二是因為他敢於說話，敢於出手。這一切，都是以響噹噹的功夫為基礎的。

　　1954 年 1 月發生在澳門的「吳陳比武」，即太極拳的吳公儀迎戰白鶴拳的陳克夫，不僅轟動當時，影響也波及久遠。人們津津樂道的是這一事件影響了梁羽生，直接催生了新武俠小說，但它對武林格局，武術觀的影響卻是很多外行人不能估量的。直到今天，武林中人仍在評點其中的是非曲直。

　　不管人們對此事的看法、認知如何，吳公儀是歷史有據可查的有明確記錄的第一位運用太極散手、在有媒體報導的大規模公開活動中進行技擊實踐的拳家，因此有網友稱其為「史上最牛太極技擊家」。

　　與那些只能「說拳」的「偽技擊家」相比，吳公儀顯示了大勇氣和真性情。

　　吳公儀出身太極世家，秉承傳統太極綱要，倡揚傳統太極的技擊理念。看吳公儀的拳照，氣勢非凡，且緊湊舒身，忠實繼承了吳式太極的理法。悟解吳公儀先生拳照，

要從體用兩方面入手，太極拳「體」為套路等練習方法，「用」為技擊與養生。吳公儀練拳以體為用，體用結合，拳的神采自然就出來了。

此室外拳照為1964年拍攝於香港，是一組照片中的一幅。吳公儀先生還留有一套身著灰衣的套路示範拳照（如上圖），神氣飽滿，也是吳式太極精品。

【吳公儀小傳】

吳公儀（1900— 1970年），吳式太極拳家。吳鑒泉長子。名潤澤，字子鎮。天資聰敏，勤勉好學，悟性極高，年輕時起便代父教拳。北京體育講習所首屆畢業生。1924

年受黃埔軍校聘請，任軍校學生部及高級班太極拳教官，兼任中山大學體育系講師。1937年，在香港成立鑒泉太極拳分社，擔任社長。1942年回上海擔任鑒泉太極拳社社長，1948年重返香港復社。1954年，在港與陳克夫比武，轟動一時。在世界各地特別是東南亞推廣太極拳取得顯著成就。

其入室弟子有：易在勒、胡念群、王健農、麥庚垣、張榮芬、龍匡球、朱五、鄭賡、梁程偉、何昌顯、黎培、丁晉三、丁德三、方鴻卿、朱全金、李達、陸洪基、洪辛培、杜式通、葉紹基、馮天錫、李志楠、鐘岳平、鄧巨文、詹益龍、李國榮、戴少樵、陳作新、胡祥、何君棟、王棟材、謝國楨、李章述、梁健生、薛夢澤、岑偉田、屈熾昌、潘啓祥、蔣恒鶴、馮光釗、李施妙玉、李光雄、何生、甘娣剛、李邱、吳標、區業強、陳國榮、張翰衍、區埋、區國旋、楊澄江、趙宏奕、衛勵石、陳炳文、林焯興、馬余光、李仲郎、林永健、周健、林浩章、葉質文、鐘鴻、劉培、陳沛華、蔡乃標、區德成、蕭維隆、黃英、伍瑞良等。

崔毅士太極拳勢

大哉其拳　志哉其毅

——崔毅士太極拳勢悟解

崔毅士是新中國成立後最早在北京公開傳播楊式太極拳的人，因此他在北京的楊式太極拳傳人也最多，有人稱之為「京城楊式第一人」。其弟子中優秀拳家也較多，如吉良晨、劉高明、崔秀辰以及現在活躍在太極拳傳播第一線的崔仲三、張勇濤等。

崔毅士180公分以上的身材，高大魁梧，架勢開展，宏大，氣派非凡。傳崔毅士先生善推手，其善化善發，出手綿軟，柔中寓剛，輕靈機敏，虛實分明，聽之至細，動之至微，引之至長，發之至驟，出手凌厲，變化莫測。崔毅士在講學中說，推手之功，皆由拳來。

崔毅士先生在家中院子裡曾拍攝了一套拳照，據說是在楊澄甫指導下拍攝，深得楊澄甫認可，為楊式大架的標準架，這套拳照顯示出了崔毅士「以明規矩而守規矩，脫規矩而守規矩」的作風。本拳照即為其中一幅，為楊式大架動作「玉女穿梭」，勁達氣順，全身皆「通」，是太極拳論「起於腳，主宰於腰，達於手指」的精妙寫照。

【崔毅士小傳】

崔毅士（1890—1970年），楊式太極拳名家。河北任

縣人。原名崔立志，字毅士。自幼酷愛武術，在家鄉時向鄰村清末名鏢師劉瀛洲習三皇炮捶，與摯友李寶玉共同習練開合太極。1909年進北京拜楊澄甫為師，學習楊式太極拳。隨師多年，盡得楊式太極拳學真髓。

1928—1936年隨楊澄甫南下巡迴，在南京、上海、杭州、廣州、武漢、西安、蘭州等地授拳。1936年後又獨自授拳於南京、武漢、西安、蘭州、安徽等地，1945年返回北京，後久居北京，傳拳一生，享譽京城。

1958年在北京成立「永年太極拳社」，任社長。曾任北京市武協委員。在北京中山公園教拳多年，學者眾多。教學嚴謹，一絲不苟，尤以推手擅長。為北京地區楊式太極拳的代表性人物。其拳勢寬大柔綿而舒展，動作簡潔，外柔內剛，體態瀟灑，神態安詳。

1964年創編《簡化楊式太極拳42式》《楊式太極棍》。傳有弟子多名。

張文廣太極拳勢

武道廣博　太極頤心

──張文廣太極拳勢悟解

　　張文廣先生為當今傑出武術家，不僅具有超卓的武術技術，更是培養了大批優秀武術人才，譽滿天下。他在武術上業績很多，其中四個方面具有突出意義：

　　一是作為中國武術代表團成員參加1936年柏林奧運會；

　　二是創辦北京體育學院武術系並負責教學工作，從事武術教育；

　　三是積極支持並參與當代武術競技的研究和發展；

　　四是大力推動太極拳等傳統武術的普及工作。

　　太極拳在張文廣先生的武術生涯中，特別是他的後半生，傾注了大量心血。張文廣先生在太極拳上貢獻很多，親身參與了四式太極拳推廣套路的編定工作，參加教材教程的編寫，還親自進行示範。為更好地方便廣大群眾學練，他選取太極拳典型動作，編創了「廣播太極拳」八式，曾經得到廣泛推廣。應邀在世界各地進行太極拳講學活動，並教授太極拳套路。

　　張先生的太極拳，柔和舒展，輕靈灑脫，工整流暢，一招一勢，自然生動，形神兼備。

　　張文廣先生在講解太極拳中，重點強調技術要規範，

每種拳都有自身獨特的練法，規範地把它們獨特的練法準確地做出來，只有要領做正確了，鍛鍊效果才能達到，這是練拳的基礎，基礎打牢，其他才能談起。要領不正確，呼吸就不會流暢，意念也容易走偏，就做不到形神兼備。

【張文廣小傳】

張文廣（1915年1月—2010年11月），著名武術家、太極拳研究專家、武術教授。河南通許人。回族。自幼習練查拳，受業於常振芳。1933年進入中國國術館學習，掌握了多項武術技能。1935年畢業後任上海體育專科學校武術教師。1936年入選中國體育代表團，赴柏林在第11屆奧運會做武術表演。1938年起先後任教於天津國立國術體育專科學校、四川體育專科學校、河北師範學校體育系。

1953年起一直任教於北京體育學院；在長期的武術教育生涯中，培養了大批優秀武術人才；參與編撰審定了眾多的武術教材；擅楊式太極拳，為「楊式太極拳競賽套路」主要編審者之一。為武術國家級裁判，多次擔任全國及國際性太極拳比賽裁判長。

為適應太極拳運動發展的需要，方便一些愛好者的學習，創編了「廣播太極拳」，得到一定程度的推廣，受到廣泛歡迎。著有《綜合查拳》《青年拳》《散手拳法》等武術專著。為中國武術協會顧問。被評為「十大武術名教授」。1998年被授予首批武術最高段位「九段」。

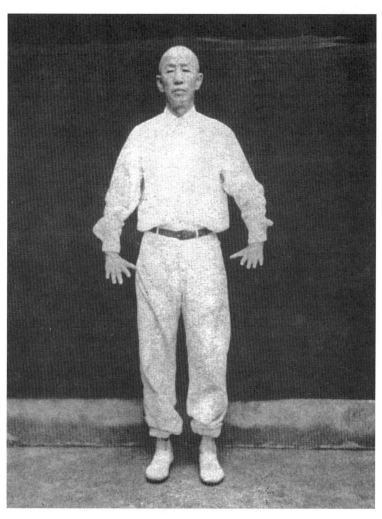

合太極　郭連蔭演示

虛靈在中 神意合體

——郭連蔭「合太極」悟解

　　郭連蔭為內蒙古呼和浩特市人，從師於楊班侯弟子王矯宇，學練的太極拳為六十四式。還習練了形意拳、八卦掌、少林拳等功夫。20世紀50年代到臺灣傳播武術。1958年于右任曾為其太極拳題詞「發揚國粹」，溥儀1960年為其題字「以心行氣，神運無方」，國民黨元老嚴家淦等也都對其太極拳著作進行了題詞推介。

　　60年代到美國，郭連蔭與夫人盧瀅如在美國三藩市創辦有「連蔭太極拳學院」，從學者眾多。70年代回國，受到國家副主

于右任為郭連蔭題太極拳「發揚國粹」

席烏蘭夫接見，80年代病逝於呼和浩特。

　　由於廣泛涉獵多種武術，郭連蔭的太極拳古樸渾厚，傳統氣息濃郁。他非常重視太極拳的起勢和收勢，曾專門寫文章闡述其重要性。合太極為收勢動作，他指出：「收勢精神不可散亂，以養氣斂神。」

　　郭連蔭先生這幅拳照收勢最後的練法是兩手在兩肩上，掌心向下，徐徐往下按，直至兩手伸直，分置兩胯旁，掌心向下，指尖向前，眼平視前方，凝神靜慮。

　　我們看到，雖然收勢，仍保持飽滿的精神狀態。

　　收勢動作為很多拳家所重視，強調不可懈怠。郭連蔭先生的合太極，虛靈頂勁的要領非常到位。他對此有專門解說，認為此時的頂勁，不是用一股勁向上頂，實際上並沒有勁，完全是一種精神感覺，精神是無形的，但能讓人感受到。雖為頂勁，但頭部不可僵硬，做到尾閭中正、氣沉丹田就容易放鬆頭頸了。

【郭連蔭小傳】

　　郭連蔭（1896—1984年），武術活動家，太極拳家。綏遠（今內蒙古歸綏）人。一生經商為主，兼教武術。青少年時廣會名師，如杜心五、王薌齋、孫祿堂等，先後習少林、太極、形意、八卦等拳術。中華人民共和國成立前移居臺灣，曾於臺灣大學傳授武術。積極推廣太極拳。1963年移居美國三藩市，並成立「連蔭拳社」。1983年回國，家居於內蒙古呼和浩特市。著有《郭連蔭太極拳譜》一書，著名學者于右任為該書題字：「發揚國粹」。

按式　董虎嶺演示

得失寸心　大道無垠
──董虎嶺「按式」悟解

　　董虎嶺天生是一個練拳的奇才。每一行出類拔萃的人都有那一行特有的氣質和頂尖的悟性才能。董虎嶺的行為做派以及他的拳架風範都表明了，他就是為太極拳而生的，所以，他作為董英傑的兒子、傳人，成為把董家太極推向世界的最著成效者，也展現了董家楊式太極遺世獨立的不二風采。

　　看董虎嶺的拳照，那種沉著厚重的質感和水銀瀉地般的流暢，給人以巨大的享受。對於內斂與張揚的精準把握，對於進退、收放、得失存乎一心的從容拿捏，顯示了太極拳「道法合一」的大境界。

　　按，為太極八法之一。在太極拳招勢中進攻性最強。

　　與其說這是一種招法，其實說它是一種勁法更為準確。

　　許多人練習按法，容易造成僵、散或者剛猛的毛病，這些問題都源於「執著」之心。

　　所以練按法更重要的心性的修煉，在「進取」中要有涵容。

　　董虎嶺先生此按式充沛渾厚，充分展現出自信、自強與自尊。身體處處弧形，蘊含勁力，進中有退，得中有

失。展現了拿得起、放得下的裕如。

直欲凌空三千里，四海風雲含秋水。

放飛心靈，向那無垠。得失寸心知，得失有誰知。知向誰邊，心海無邊。無邊即是岸。

【董虎嶺小傳】

董虎嶺（1917—1992年），楊式太極拳家。董英傑之子。河北任縣人。自幼聰穎好學，喜愛武術。曾隨多位名師學藝，獲得楊澄甫耳提面授，更秉承家學，得其父真傳。1947年，被父函召南下香港，協助其父發展「董英傑太極拳健身院」的教務。1954年，泰國華僑邀請董英傑去授拳，董虎嶺先行前往示範和教授，大受歡迎。並在當地華僑、弟子協助下籌建了「董英傑太極拳健身院」，為董英傑第二年赴新、馬、泰教學打下良好基礎。

1957年2月，出版《太極拳使用法》一書。1961年董英傑去世後，與妹董茉莉、子董繼英、董增辰以及眾多後輩繼續分別在香港、美國、歐洲、澳門以及東南亞各地推廣太極拳。

1965年被邀請前往美國傳播太極拳，1966年正式移民美國夏威夷，設館授徒。其拳架端正宏厚，流暢謹嚴，肯於鑽研，功夫深邃。積極傳播推廣太極拳，在東南亞、美洲、歐洲等地具有較大影響。

陳龍驤太極劍勢

無欲則剛 靈化心跡

──陳龍驤太極劍勢悟解

　　領悟陳龍驤先生拳照，不能不提李雅軒先生所宣導的太極拳練習要「大鬆大軟」的觀點，這是李雅軒的核心拳論之一。作為李雅軒的女婿和重要傳承人，陳龍驤在拳術實踐中深入貫徹了這一思想。

　　李雅軒在練拳筆記中說道：「鬆軟是太極拳的寶貝。」並且多次在多種場合對「大鬆大軟」進行了論述和強調。

　　針對一些人對「大鬆大軟」存有疑慮，認為「大鬆大軟」不能技擊，陳龍驤曾專門就此進行過論述：「太極拳的技擊，離不開快，縱有萬千手法，苟無神明的感應，沒有靈性，也是毫無作用。練太極拳時心存靜養，蓄神養氣，澄心定性，穩靜安舒，緩緩出動，鬆柔沉穩，大鬆大軟的練法正是為了培養和訓練這種靈機。有了這種靈機，在技擊中才能有動急則急應、動緩則緩隨的反應，才能生出莫測的變化。」陳龍驤認為，「大鬆大軟」的練習方法，是修養心性、控制情緒、平衡心志、涵啟智慧、提升靈敏、增強內勁、增長內功的有效手段。為消除誤解，陳龍驤還對「大鬆大軟」進行了解說：「大鬆大軟不是軟塌塌，不是鬆懈懈，不是鬆軟得如一攤稀泥。」

　　所以，他大張旗鼓地宣講：「練太極拳要鬆，而且要大鬆，要鬆透，鬆得周身毫無拘滯之力，身勢鬆得軟若無

骨。」

看陳龍驤的這幅太極劍勢照片，呈現的就是以「大鬆大軟」為指導，將拳練鬆，以拳法入劍法，講究氣勢、靈氣與感應，將陰陽變化注入劍體，使劍不僅成為「手臂的延長」，更成為心性的載體。鬆、軟即為「無欲」，無欲無求，剛勇乃大，劍的氣勢就彌漫無際了，而劍的變化只在心跡。

陳龍驤自幼隨侍李雅軒左右，得其真傳。青年時期即名揚武林，80年代在名家薈萃的全國武術大會上獲得了雄獅金獎，在太極拳、太極器械等方面均造詣精深。

2004年，我與陳龍驤先生在北京首次會面，研論拳道，並為其拍攝了一套拳、械照片，此為其中一幅。有關內容曾收錄在「隨曲就伸」系列叢書之《盈虛有象——中國太極拳名家對話錄》中。

【陳龍驤小傳】

陳龍驤（1948—　　），楊式太極拳名家。四川成都人。為楊式太極拳名師李雅軒之婿，8歲起隨李雅軒習拳，為李雅軒嫡系傳人。曾在全省及全國太極拳比賽中取得優勝。成都市武協委員。太極拳教練。1983年被評為全國千名優秀武術輔導員。1986年獲全國武術觀摩比賽雄獅獎。多年來在國內外武術雜誌發表眾多研究文章，出版有《楊式太極拳法精解》《李雅軒楊式太極拳架詮真》《李雅軒楊氏太極拳系列叢書》等著作。多次參加太極拳名家研討會，並應邀赴國外講學。在國際太極拳界具有較高知名度。妻李敏弟家學淵源，得父衣缽之傳，同為太極拳名流。女陳驪珠亦繼承家學，為太極傳人。

張勇濤太極劍勢

中鋒運劍　勁氣自在

——張勇濤太極劍勢悟解

　　太極劍是太極器械中最好練，也是最難練的。因為劍的風格與太極拳比較靠近，太極劍的動作外形不太複雜，所以掌握動作並不太難。

　　但太極劍比較細膩，許多劍法看似簡單實則內涵豐富，練出神韻來並不容易。在高手手中，簡簡單單的一個劍勢，就能出來不凡氣象。

　　張勇濤出身名門，其拳械功夫經過幾十年紮紮實實磨礪研練，不事雕琢，自生光華。簡單一劍，手、眼、身、法、步、劍完整一氣，不懈怠，不張狂，鋒芒所向，金石為開。

　　張勇濤認為，練好太極器械關鍵是掌握太極拳的基本功，你掌握了基本要領，用什麼器械都可以，把太極拳勁、方法、原則用到什麼器械上，都成了太極器械。

　　太極劍是在楊式太極拳的基礎上創編的單手器械，是太極拳的補充、延續和發展。楊澄甫曾經讓人代筆書寫「劍氣如虹，劍行似龍，劍神合一，玄妙無窮」，概括了太極劍特點。其風格特點是起收陰陽結合，每動即顯虛實，上下左右相繫，劍法攻防清晰，內外剛柔相濟，精、氣、神、劍合而為一，練劍、練體、練用。

練劍時要求柔和緩慢，伸屈連貫。下盤虛實分明，沉穩。從思想意識上明白，練劍猶練拳，練太極劍只是練太極拳時手臂伸屈的回升，要重意不重力。清楚劍法中一招一式的含義和練習方法，爭取做到以心行氣，以氣運身，以身運劍，神劍合一。此外練劍時還要求動作規範、力點準確、劍法清晰等等。

【張勇濤小傳】

張勇濤（1943— ），楊式太極拳名家。河北人。出生武術世家，外祖父崔毅士為著名楊式太極拳家，母親崔秀辰為北京楊式太極拳研究會首任會長。自幼隨外祖父習武，潛心鑽研，得楊式真傳。

上世紀60年代起參加北京市和全國太極拳比賽，多次獲拳、械優異成績。多年進行楊式太極拳的推廣、普及工作，長期在中山公園教授太極拳，曾應邀赴日本講學。先後參與天安門廣場萬人太極拳演練、天壇中日韓三國太極拳交流等大型太極拳活動的組織和表演工作。

出版有《簡化楊式太極拳》《傳統楊式太極劍》《楊式太極拳及其防身應用》《楊式養生太極拳》等著作。

野馬分鬃　劉偉演示

花開花落兩由之

──劉偉「野馬分鬃」悟解

劉偉是一位非常注重傳統的優秀運動員，更準確地說，他是來源於傳統的運動員，長期跟隨李秉慈先生學習傳統吳式太極拳，深得傳統武術神韻，連續多次獲得全國吳式太極拳冠軍，被認為是「全國吳式太極拳架練得最漂亮的人」。

劉偉的拳風在工整中有一種隨性的灑脫，在若有若無中把吳式太極拳的綿綿若存體現得淋漓盡致。由於有著很好的素質基本功，劉偉能夠將吳式太極拳的意氣精神追求透過形態充分展示出來。學吳式太極拳多觀摩劉偉拳照是很有幫助的。

此拳照乃吳式太極拳之「野馬分鬃」，為展臂展身前的動作。重心在後，呈左坐步，右腳前邁步，兩臂相合，兩掌斜相對。目視即將前移的右前方，意在左掌，右手指尖有後指後領之意。野馬分鬃主題為「分」，但基礎是「合」，只有合得自然，才能展得自如。開合之間，如花開花落，毫不牽強。

劉偉退役後擔任武術教練工作，並應邀到國內外講學。他有了更多時間鑽研傳統武術的奧妙，被眾多武術家稱為「真正懂得傳統武術的太極拳冠軍」。

【劉偉小傳】

劉偉（1967—　　），優秀武術運動員。全國男子吳式太極拳冠軍獲得者。遼寧丹東人。畢業於北京體育學院。太極拳從師於李秉慈等。亦擅形意拳、八卦掌等。

1988年獲全國武術觀摩交流大會優秀獎。多次獲全國武術比賽吳式太極拳金牌。

其拳勢從容大方，工整靈動，深具韻味。多次應邀擔任中華武術太極拳名家大講堂輔導教師。

游玄德太極拳勢

道武兩儀　玄關通和
──游玄德太極拳勢悟解

　　太極拳與道教有著密切的關係，從歷史上看，一些道教人物，特別是張三豐被許多拳家認為和太極拳的源流有關，從理論上，太極拳與道教也有相通性，特別是道教的貴生養命等思想，在太極拳養生學說中得到體現。以道教聖地武當山命名的武當武術是中國武術主要流派之一，太極拳也是其中重要的內容。

　　在當今武當功夫中，游玄德是一位十分重要的人物。他自幼習武，打下紮實的基本功，14歲赴各地拜訪名師，20世紀80年代在武當山出家，專心修煉道教與武當功夫，在兩方面均達到很高造詣。積極在世界各地推廣武當功夫，特別是內功功法，在海內外具有廣泛影響。

　　武當太極拳是武當功夫中的核心內容，游玄德著有《武當秘傳太極拳》一書，進行講解。游玄德介紹說，武當內家太極拳是以道家哲學為理論基礎，易學數術為具體指導，以張三豐為集大成代表者傳承發展而來的中華武術一大拳宗，亦可稱之為三豐內家太極拳。其圭旨大要是：丹道為基，以武演道，煉氣搏形，性命雙修，至虛至一，天人合一。為今人悟道、體道、修道、合道無歧之捷徑，無弊之法門。他認為，太極者，既是體又是理，作為本

體，是指陰陽有機平衡的事物和系統，作為道理、規律，是指透過陰陽生化消長，對立統一達到有機平衡和諧的過程。任何事物都是一個系統，包括著與外界的普遍聯繫和相互作用，具備品質、能量、資訊三個方面的屬性，被稱為萬物之靈的人是一個事物的個體，同時也是一個複雜的巨系統。五穀雜糧的攝入，七情六欲的波擾，自身真意的迷失，使得這個系統的有機平衡被破壞、缺失。習練太極拳的終極目的就是將這個本是但被破壞了的太極之體返本歸真，恢復太極之性狀。

在談到修煉太極拳的方法路徑時，游玄德指出，太極拳習練需煉養「五氣」——沉墜之氣、靜定之氣、正浩之氣、清靈之氣、和合之氣。「五氣」，是混元真氣的不同側面，五氣的鍛鍊階段也不是截然分開、涇渭分明，而是相輔相成，互為因果，渾然一體。

游玄德道長養心性，尚書法，自成道武體系。

【游玄德小傳】

游玄德（1962—　），著名武當武術家，武當功夫傳人。字彥學，道號玉京子，河北玉城人。20世紀80年代赴武當山入道，拜呂明道、朱誠德等為師，精研武當武功數年，繼承了武當太極拳的技理。

1993年河北永年第2屆國際太極拳聯誼會上，曾作為特邀嘉賓展示武當派秘傳太極拳。多年來在海內外全面傳播武當功夫，出版有眾多相關圖書和光碟，具有廣泛影響。於湖北英山創辦了南武當山道家協會。並於2007年4月在武當行宮成功地舉辦了國際武林大會。

雲手 和有祿演示

萬里風光　四季景象

——和有祿「雲手」悟解

「雲手」是太極拳中最基本的動作，也是最能檢驗功夫的式子。各流派太極拳幾乎都有雲手，練法有所不同，但幾個基本點是一樣的：

一是全身協調一致，一動無有不動；

二是手腳齊運，身體向一側連續移動；

三是雙手在體前交叉呈立圓式運動；

四是眼手配合，心意相合。

除此之外，各流派還有一些獨特的勁力、神意氣的練習方法。

和有祿先生為當代和式太極拳的代表人物。和式太極拳始創於清末河南溫縣趙堡鎮太極拳名家和兆元，拳以「太極」之理為拳理來規範指導拳架。象其形，取其義，用其理。太極圖是《周易》哲學思想的形象化表述。太極圖外呈環圓，環呈無端之象。在和式太極拳中體現為勢勢手畫圓，身行圓，步走圓，身體各部位的公轉自轉協調和諧，形成大圈套小圈，小圈套大圈，渾身都是圈，圓轉連貫，一氣呵成。

此拳照為和有祿先生演示的和式太極「雲手」，肩、手、腰、膝、足等身體各部位隱含著環環相扣的圓，神意

運轉其中，循環無端，呈現出「其大無外，其小無內」的狀態。一位著名拳家曾講述雲手的理想境界說，雲手要走出「四季」，就是春有升起之勢，夏有充實而飽滿之勢，秋有收意，冬有藏意。和有祿先生此拳勢可作此說的生動寫照。

【和有祿小傳】

和有祿（1963—　　），和式太極拳名家，和式太極拳當代代表人物。河南省溫縣趙堡鎮人。出生於武術世家，兄弟四人共同受教於父親和士英。9歲開始習拳。1983年應徵入伍，在湖北黃石部隊醫院工作。工作之餘參加了地方上的醫學專業大專班函授學習。系統學習了現代醫學知識。1988年從部隊復員，回到溫縣糧食局工作。後辭去工作專心發展太極拳。

曾參加溫縣第3屆、第4屆國際太極拳年會，多次獲優秀獎。2001年3月帶領和式太極拳研究會代表隊參加三亞世界太極拳健康大會，隊員多人獲優異成績。應組委會邀請在名家演示會上表演，引起廣泛關注。為國家一級裁判，趙堡和式太極拳研究會會長。

在各類武術雜誌上發表文章多篇，傳拳及講學足跡遍及全國各地，眾多新聞媒體進行了廣泛介紹報導。出版有《和式太極拳譜》等書。多次作為和式太極拳代表人物應邀參加國內外重要太極拳活動，擔任輔導老師。曾擔任中華武術名家大講堂和式太極拳主講老師。

太極球　陳慶州演示

圓轉無際　虛實無方

——陳慶州太極球勢悟解

　　太極球是傳統太極拳的練功方法，以前只是拳師自家閉門練習，很少外傳。

　　近年來在一些太極拳家的推動、宣傳下，逐漸為大眾所知曉，習練人數也逐漸增多，因為其練功形式獨特，效果顯著，深得練習者喜愛。

　　太極拳處處走弧形，在套路練習過程中，身體各個部分都在畫不同的圓，這些圓縱橫交錯又構成各種空間「球」體，練太極拳實際上就是在「運球」。太極球作為一個實體，把太極拳練習中的圓、球清晰化、對內勁的轉換折疊有比較高的要求。

　　現在一般練習的太極球體積都比較大，有一定的重量，只要練習得法，對練習內勁、內氣有很大幫助。在練習過程中需要以柔運剛，在剛中體會柔的轉化之法，能夠更深刻體會拳理拳法。

　　太極球無邊無際，無頭無尾，體、面、點、線一體相合，太極玄妙，盡在其中。

　　陳慶州先生是當代傳播太極球的重要太極拳名家。他傳授的太極球以陳式太極功夫為基礎，講究丹田運轉。他在論述太極球的練習時說：「太極球是身外之物，也是太

極行功的一種器械，透過功夫的練習把它形容到腹中去，這叫做由外及內。能夠在腹內圓轉自如，最確功的方法是以丹田為核心的內轉來遙控它，這稱作由內及外、由外及內，是以丹田與太極球之間的相互關聯。丹田的旋轉律說有方，亦無方，有方是規矩，無方是活的。為了丹田內勁的充盈，結合太極功夫老架，千遍萬回習練，可提高丹田內轉的功底，內轉功底愈高，外邊肌膚聽勁敏感度就愈靈，旋轉走化可及時，蓄勁愈緊，爆發勁愈猛，對方被引空擊出愈遠。」

他曾多次在各種太極拳活動中演示太極球功夫，引起廣泛關注。這幅拳照是 2004 年 6 月 13 日在北京牛街舉行的武術名師名家公開表演活動中陳慶州先生的演示。偌大的太極球在他的運用下，輕若無物，隨心所欲，高拋低走，左右回環，虛實相生，觀者盡皆讚歎。

【陳慶州小傳】

陳慶州（1934— ），陳式太極拳名家。河南溫縣人。自幼練習家傳武術，1962 年拜陳照丕為師學習陳式太極拳，為陳式太極拳第十九代傳人，擅長陳式太極拳行功太極球。

1991 年參加河南省老拳師比賽獲得第一名，1997 年在全國武術大賽中獲表演獎，1998 年獲國際太極拳推廣交流精英比賽太極拳表演特別獎，在第 5 屆中國永年國際太極拳聯誼會比賽中獲陳式太極拳行功太極球一等獎。

1963 年開始業餘傳拳，1984 年從事專業武術教學，數十年來致力於陳式太極拳的推廣。1986 年被評為河南省武

術先進輔導員，1996年獲河南省「武術優秀人才輸送獎」。弟子遍及國內各省市及十三個國家和地區，學生多人多次在國內外武術大賽中奪得金牌。

　　曾任溫縣武協副主席等職，兼任國內外十多個武術團體顧問、名譽會長、總教練等。應邀赴韓國、美國等地教學授拳，1999年在美國成立陳慶州功夫研究會，被聘為顧問。發表太極論文多篇。撰有《陳氏太極拳行功太極球》《陳氏太極拳功夫薈萃》。任溫縣慶州武院院長，國際太極拳年會副秘書長。

翁福麒太極拳勢

鬆淨彎弓　用意射虎

——翁福麒「彎弓射虎」悟解

「堅持」是一件很不容易的事情，需要有定力，需要有毅力，需要有決心和恒心，特別是當外界各種干擾、誘惑、評說議論等各種因素紛至沓來之時。

太極拳數十年來，處於一個大發展也是大變革時期，「變」的形態很多，從套路到觀點等。但也有一些人恪守傳統，幾十年不變地堅持一種理念，顯得十分難得。

翁福麒就是這樣一位拳家，他始終堅持原原本本地教授、傳播楊禹廷傳吳式太極拳，被認為是楊禹廷太極拳忠實的繼承者。

這幅拳照為翁福麒先生年輕時所拍攝，架式較低，顯示了很強的對人體平衡結構的把握能力。翁福麒認為，「用意與鬆淨」是太極拳最主要、最關鍵的特點，也是太極拳與其他拳種最大的區別之處，因此他的拳架十分注重這兩點要領。他說，用意與鬆淨既是互相關聯，相互促生的，又是統一的，不可分割的。

翁福麒出版有三本書《楊禹廷太極拳系列秘要集錦》《吳式太極拳械述真》《太極拳至理臻法》，來講解楊禹廷太極拳的精要。翁福麒自稱「太極拳執迷不悟的追求者」，可見其堅持傳統太極拳的矢志之心。

【翁福麒小傳】

翁福麒（1931—　），吳式太極拳名家。遼寧遼陽人。滿族。7歲在天津從李耀庭學形意拳。1946年在北平從高紫雲學太極拳。1956年在北京拜楊禹廷為師，專修吳式太極拳械。長期苦練探索不輟。1953年起開始傳教於人。1957年受命詳細記錄、整理吳式太極拳動作，協助楊禹廷出版《太極拳動作解說》。1966年寫作完成《試談太極拳》書稿。1990年與李秉慈合著《楊禹廷太極拳系列秘要集錦》。

出版有《楊禹廷太極拳真傳秘要》系列光碟。2011年出版《太極拳至理臻法》。先後被選為吳式太極拳研究會秘書長、副會長、名譽會長兼秘書長。90年代在北京中醫藥大學等處義務教拳，在太極拳教育方面做出突出貢獻。是北京吳式太極拳的重要人物。

六封四閉　王二平演示

拳至平處自蘊積

——王二平「六封四閉」悟解

新中國成立以來，武術的發展主要沿著兩條主線在進行，一是傳統武術，一是競技武術。前者以大眾強身健體為主，以民間傳承方式進行，但國家也給與了充分重視與大力支持。後者以提高武術競技水準為主，在傳統武術基礎上，結合體育競賽規律，進行了改造與難度提升，在藝術感、韻味等方面不斷進行著探索與發展。

競技武術的發展為武術的宣傳、國際化推廣等方面發揮了獨特的作用。武術的競技水準也在不斷提高，一批一批優秀運動員、教練員用自己的刻苦和才華為我們展現了中華武術的獨特魅力。

在數十年間，能同時在運動員、教練員兩個崗位上都取得傑出成就者不算多，王二平是其中具有代表性的一位。

自13歲進入河南省武術隊，先後獲得了全國武術比賽、亞洲武術錦標賽、全運會、亞運會、世界武術錦標賽的多項冠軍。退役後，擔任了廣東武術隊、中國國家武術隊教練，又培養了多位世界冠軍隊員。還參加了春節聯歡晚會和2008年奧運會開幕式太極拳的節目指導工作，都取得了巨大成功。

　　在太極拳的藝術表現力方面有著突出的想像力和超強的執行力，這些都源於他對太極拳技術、學識內涵的深刻理解和精確把握。

　　2001年、2005年兩屆世界太極拳健康大會分別在海南三亞、海口舉行，王二平都作為太極名家應邀進行輔導答疑，是最受歡迎的名家之一。這幅拳照即為第2屆世界太極拳健康大會期間，在海南海口海濱椰林中拍攝。

　　王二平的太極拳在運動員時期就形成了渾厚、端嚴、大氣的風格，他演練的陳式太極拳發勁鬆整，脆彈迅捷，收放自如。退役後，沒有比賽的羈絆，脫去功利，拳功更加灑脫、自如。

　　這幅「六封四閉」拳勢，為下按掌前的過渡動作，動態十足。重心在左，趨向在右，左手上掤，勁貫手背，陰掌斜向下，右手上托，勁達掌指，陽掌向上。以腰脊為軸，有擰裹之勢，圓襠豎項，雙手皆寓纏絲環繞勁法，左右手的開合與呼應自然得體。

【王二平小傳】

　　王二平（1968─　　），河南平頂山人。中國當代「十大武星」、世界太極拳冠軍、中華人民共和國體育運動榮譽獎章獲得者，中國國家武術隊主教練，國家高級教練，太極拳名家。

　　7歲開始習武；8歲進入平頂山市業餘體校武術隊訓練，其間多次獲得省武術比賽冠軍。13歲入選河南省武術隊，曾在國內外各類重大比賽中，獲得42式太極拳、太極劍、陳式太極拳、陳式太極劍和自選刀術、雙刀、棍術、

通臂拳、對練、個人全能、集體項目、團體總分等項目的金牌60餘枚。

除獲太極拳冠軍外，還是全國唯一在其他自選和傳統項目中及個人全能上榮獲冠、亞軍的優秀運動員。在河南和廣東任教期間，所教的學生先後在全國、亞洲和世界大賽中獲得80餘枚金牌。

在多年磨鍊中，形成獨特的技術風格：動靜有序，快慢相間，瀟灑自如，自然流暢，沉著雄渾，剛柔相濟，如行雲流水，形神合一。曾應邀出訪多個國家進行表演和講學。業績傳略載入《世界名人錄》《中華武術百科全書》《中國太極拳大百科》《中國武術家辭典》《中華武術著名人物傳》《華夏名人風采》《共和國創新專家名典》等多部辭書。還參加了《太極劍國際競賽套路》的技術錄影演示及審編審定工作，編著出版了中國第一套最全面的音像教材《太極武學》。

他曾多次被國家體育總局、河南省、廣東省、省委省政府、省體育局、省體工隊、省體育運動技術學院記功授獎，為武術太極拳事業的發展做出了卓越的貢獻。創造性地實現了傳統與現實、繼承與發展的有機結合，傳承和延續了中華武術源遠流長、博大精深之民族文化。在弘揚太極精神、促進國際交流、推動養生運動的發展進程中發揮了示範和表率作用。

金一鳴太極拳勢

金剛鶴舞不老春

——金一鳴太極拳勢悟解

太極拳的健康作用為世人所推重，這也是太極拳廣受喜愛的最主要原因。一些健康長壽的太極拳家更是太極養生作用的生動證明。

金一鳴是迄今為止我們所知道的最長壽的陳式太極拳家，以近百歲高齡去世，且九十多歲後依然精神矍鑠。事實是最好的說明，金一鳴先生一生不懈追求、研練太極功夫，健康長壽，對於他的太極拳實踐和理論，我們應該予以充分重視與研究。

金一鳴先生的拳照不多，但每一幅都精氣神飽滿，一絲不苟，給人以充盈之感，顯示出旺盛的生命活力與張力，也鮮明體現了陳式太極拳剛柔相濟、中道皇皇的氣概。

金一鳴先生在長期實踐中總結了許多自己對拳法的理解與認識，比如他提出了「含胸擴背」以及「鬆肩扣肘」等練法。認為練拳要氣貼背脊，力由脊發，每招定式時，頸椎骨往上提，大肩胛往外擴開，尾閭骨微微往前送，這樣才能做到背皮緊貼脊背，背皮鼓得緊緊的像鼓一樣富有彈性，這樣既有利於技擊，也符合健身原理。

他認為，肘尖是氣的鑰匙，抬則氣浮，下垂微扣則氣沉，有助於氣沉丹田，這是生理的自然反應。即使意念不

想下沉丹田，但只要兩肘微扣，吐氣時很自然地會氣沉丹田。這些都是他的寶貴經驗總結。

這幅拳照正是他這些理法的體現。此勢為陳式太極拳「金剛搗錐」的起手勢，金一鳴演練起來架式穩固，身體處處弧形。他認為練拳時應該身備六弓，軀幹、手、腿、足弓同樣重要。從此拳照可見他嚴格依照此拳理而為。雖然看不到，但能感受到他雙足抓地的堅實。

他強調，打拳時要注意十趾抓地，湧泉上提，立腳就穩，進退轉換，就有貓行輕靈之感。同時十趾抓地也有利於氣往下沉，收腹提肛。雙手瓦攏掌形，氣達梢節。目視即將上步的前方，動勢十足。

2009年，金一鳴先生的弟子張啟蘭女士為她老師出版太極拳著作《解讀太極拳奧秘》，邀請我為書作序，今選摘序的內容如下：

太極拳的發展，歷經錘煉，已經從單一的技擊武術，發展成為具有綜合性功能的文化形態，並且具有實用性的社會價值。

研習太極拳的人，無論國籍、年齡、層次，也無論流派、套路、師承，其實殊途同歸，功效都在於改善生命品質，提高生活品位，陶冶人的性情，健康人的身心。

我以為，有兩大指標是衡量太極拳功夫的試金石，一為氣度，一為長壽。

練拳到精深處，人的精神氣度必然會受其影響，由內而外，有所反映。中國古人云：「相由心生。」太極拳以心行氣，以意行拳，拳掌運化中，吞吐乾坤氣象，對「心」的頤養與昇華是顯著的。所以拳練得好的人，氣度

一定不凡，一定充滿了正氣、大氣、從容之氣。

太極拳是長壽拳已經舉世公認，但練習起來還是有方法之說的，不同的練法健身效果也有所差異。無論從理論上，還是大量實踐證明，練太極拳要領正確，必能取得良好健身效果。至於那些能精準把握太極拳神髓的人，健康效果在他們身上反映得更加充分。

我一直強調認為，那些常年練習太極並且健康長壽的拳家，一定是在太極拳上卓有造詣者，對他們的研究學習應該是太極拳研究中的重點所在。

金一鳴先生就是一位健康長壽的太極拳家，他的著作也非常值得廣大太極拳愛好者研讀思考，這也是我願意為此書寫序的原因所在。

金一鳴先生享年98歲，於2008年駕鶴西去。為當今少有的近百歲太極老人之一。在他生前我曾有安排與之相會，但惜未能成行，這也是一件憾事。但金先生的有關情況我還是有所瞭解，看了許多關於他的資料，也聽太極拳名家馮志強先生介紹了一些。

金一鳴先生以拳相伴一生，太極拳對他來說已經不僅僅是一個簡單的鍛鍊方式，而成為了他生命中的一個重要組成部分，融注在了他的生活狀態之中，這從他為《中華格言詩文大觀》撰寫的格言詩中可以體會出來：

> 人生不再春，一日不再晨。
> 書報天天讀，太極日日練。
> 胸襟寬似海，肚容萬噸輪。
> 持之飲以恒，歲歲永是春。

正因為如此，他對太極拳傾注了全部的愛心，後來把這種愛心傳遞到眾多的習拳者、傳人身上，數十年來，他盡心傳授，奉獻自己的心得，傳播健康，培養了眾多太極拳人才。

一些跟隨金先生學拳多年的學生說：「從老師身上，我們深切感受到他那種大仁與大愛，毫無保留、毫無私心地把自己的功夫傳授出來。」

心底無私，有容乃大，這也是長壽的公開秘密吧。但又有幾人能真正做到？

仁者壽，金一鳴先生應該是一個很好的例證。

由於長期的實踐與深切的體悟，金一鳴先生對太極拳的理解直接、透徹，他的拳論，質樸、簡潔，沒有雲山霧罩的玄虛，直指本原，使人易懂易練。比如，金一鳴先生說：「太極拳要練到身上，現在很多是練到手上和胳膊上，就錯了。」

讀這樣的拳論，親切、輕鬆，又有所得。

太極拳健康長壽的奧秘在於「和」，和諧。重視武德是「和」的一個方面。金先生常講，「拳好不如人好，拳打得再好沒有武德不行，功夫好雖然重要，但人品比功夫更重要。」這也是金先生為拳一生的一個主要出發點。「和」的另一方面是拳功、拳技的「和」，身體內外的整體和諧平衡，陰陽互動的完整統一等，這在讀金先生的著作時可以認真揣摩。

這本書中還收錄了一些金一鳴先生傳人、再傳傳人等的一些習拳體會文章，可看作是金先生武學傳承的一個脈絡痕跡。

　　金一鳴先生生前留下的拳照和影像資料不多，我看過
幾幅拳照，有金鐘傳音的渾厚悠遠，有蒼鬆翠蓋的從容華
盛，「太極氣度」躍然而出。

　　聽南京的朋友說，金一鳴先生生前的一段太極錄影一
直作為南京電視臺的新聞序曲鏡頭之一，至今仍然天天播
放，金先生的太極身影始終在金陵風姿中搖曳。

李秉慈太極拳勢

斜中寓正　緊湊舒伸
——李秉慈太極拳勢悟解

　　在近三十年來的吳式太極拳推廣中，李秉慈無疑是最具影響力的人物之一。他參與了眾多吳式太極拳推廣、競賽套路的編創，並擔任教學、裁判工作。在吳式太極拳的規範化中發揮了巨大作用。還培養出了十多位太極拳冠軍，其中包括吳式太極拳傳統和競賽套路九連冠劉偉和女子六連冠宗維潔等太極名手。

　　作為楊禹廷先生的弟子，李秉慈先生在傳統太極拳領域也辛勤耕耘，長期擔任北京吳式太極拳研究會會長，積極推進北京吳式太極拳的發展，廣泛與海內外開展交流活動，是北京吳式太極拳舉足輕重的代表性人物。

　　李秉慈認為，從傳統上來說，太極拳規範的內容可以分為「四法」「四功」。四法就是手、眼、身、步；「四功」就是心、神、意、念。意動神隨，太極拳從起勢一起，首先靜下來，達到心平氣和，起點、過程、終點三要素都要在意念中很明晰。

　　「四功」過去拳論上有幾句話講解，「發之於心，達之於神，行之於意，想之於念」。「發之於心」，就是練拳的一切源起，發動都在於心，「先在心，後在身」「心為主帥」，所以練拳你一定要心先靜下來，不浮躁。「達

之於神」，就是精神要充沛，要貫注，拳論上說「精神能提得起，則無遲滯之慮」「內固精神，外示安逸」。精神固達了，周身才能實現一舉動皆輕靈。「行之於意」，就是一切行拳均在於意的運用，「凡此皆是意，不在外面」，沒有意，只是形，就是體操了。「意氣君來骨肉臣」，意是一身的統綱，練拳要「以意導體，以體導氣，以氣運身」，所謂「用意不用力」。「想之於念」，就是練拳時要做到念念不忘，「勢勢存心揆用意」，不懈怠，「變轉虛實須留意」，雖然放鬆但不隨便，這樣才能做到「勢正招圓」。

　　李秉慈先生宣導「繼承不走樣，發展不離本」的宗旨，將吳式太極拳特點總結為十六字訣，即「輕靜柔化、緊湊舒伸、川字步型，斜中寓正」。他的拳勢身嚴體端，氣韻生動，形態瀟脫，美而不俗，其拳架充滿了活力、張力與律動感。李秉慈的拳照被廣泛作為習練吳式太極拳的標準範本。

【李秉慈小傳】

　　李秉慈（1929—　　）吳式太極拳名家。北京通縣人。幼年因強身健體習武，為太極拳家楊禹廷弟子。先後從師於楊禹廷、常振芳、史正剛、駱興武、單香陵、劉談鋒等名師學習太極拳、查拳、大悲拳、形意拳、六合螳螂拳及程派八卦掌等。在傳統武術發展、太極拳競賽、太極拳訓練等方面均有突出成就。培養了大批人才，弟子中有多人多次獲全國太極拳比賽冠軍。

　　1958年獲全國武術交流觀摩大會優秀獎。多次擔任全

國及國際性太極拳比賽的裁判工作。參與了原國家體委
「四式太極拳競賽套路」的編訂工作。1980年參與開辦北
京東城區武術館，任教務長和副館長。為中國武術協會委
員、國家級武術裁判、北京市吳式太極拳研究會副會長。

　　著作有《吳式太極拳拳照圖譜》《楊禹廷太極拳系列
秘要集錦》《吳式太極拳拳械述真》。多次應邀擔任國際
太極拳交流大會輔導名家。

周遵佛太極拳勢

形意之外　神氣之中
——周遵佛太極拳勢悟解

　　周遵佛先生是一位武術大隱者。

　　他儘管有著顯赫的武術師承來歷，也有著高絕的武術功夫和深厚的武學修養，但不事張揚。在他身前、身後都沒有鋪陳宣傳。

　　北京武術界行家們卻對他十分推崇，稱其為「京城武當內家功夫的守望者」，李子鳴先生生前創辦的北京八卦掌研究會特聘請周遵佛先生為顧問。上世紀80年代北京大學武術協會成立後，經北京武術協會推薦，聘請了四位頂尖武術家作為名譽會長和顧問，分別為吳圖南、馬禮堂、李子鳴、周遵佛。

　　周老雖不尚名利，但直率熱情，誨人不倦。我們北大武協的幾位同學曾經常利用節假日去他位於宣武門的家中請教、學習，當時他已八十高齡，仍然每式動作必親身示範，精神矍鑠，神采斐然。這幅陳式太極「白鶴亮翅」拳照即為當時在宣武門街心公園內所拍。周老留下拳照不多，此照尤為珍貴。

　　拳照為動勢過程，氣貫掌指，立身中正，虛實得體，老而彌堅。精氣神內含而充盈，重意而不重形。

【周遵佛小傳】

　　周遵佛（1905— 2006 年），著名武術家。精於太極拳、形意拳、八卦掌等內功拳法。山東牟平人。幼年時家境貧寒，身體瘦弱多病。受家鄉尚武之風影響，遂生習拳強身之志。因受條件所限，初時只是隨鄉里拳師粗練動作路數，後輾轉移居北平，繼續尋師習武。

　　25 歲時，得遇八卦掌名家張永德，張視其心意誠懇，品行端正，將其納入門下，進行嚴格的八卦掌內功訓練，打下良好基礎。又幸遇楊式太極拳傳人王矯宇，繼續學習太極拳功架。王曾親受楊露禪傳藝，拳法純正，使周得窺太極奧妙。30 年代時，陳式太極名家陳發科於北平傳藝，周遵佛得與其互相學習、研討，交流所學技理，又從陳處學得陳式太極拳精髓。其後，又從形意拳師王鳳林習山西派形意拳。因其一生好學不輟，武友甚廣且無門戶陋見，故成為身兼多學的武術名家。中年以後專攻太極拳，尤有造詣。

　　一生授徒較少，但教學極為嚴格，強調套路、內功技擊與理論的結合。為北京市八卦掌研究會名譽顧問，並被聘為北京大學、北京外國語學院等高校武協的顧問。

朱懷元太極拳勢

拳禪一體　有意無意
——朱懷元太極拳勢悟解

在汪永泉的弟子中，朱懷元無疑是十分突出的一位。他在練意方面，深刻領悟並強化了汪永泉的內功思想。

朱懷元年輕時曾習練過如意通背拳，這對他後來的武術實踐有著顯著的影響，從他的拳架和拳論中，體現出了如意通背與楊式太極拳結合的痕跡，這一點使他的學生石明也受益很多。石明先生後來命名自己研習的太極拳為如意太極拳。

看朱懷元的拳勢，不張揚，練意不刻意，不追求漂亮的外形，處處體現隨性，有一種禪意在其中。

此拳勢中，掌心弧形內含，極為放鬆，手指與腰隙命門遙遙相合，又與足尖對應，神氣毫不散亂。步幅不大，步履輕盈，雙腳平鬆落地。在汪脈太極的應用和練習中十分強調「太極點」「太極圈」的關係，此拳勢中有著眾多點、圈的變化呼應以及變化的預留空間和軌跡。

汪永泉曾以古鐘舉例說明人體太極拳架的狀態：「試用懸掛之古鐘為例，因鐘的中心有一條垂直線，下有鐘錘可以旋轉。鐘線可以上下縱伸。因此用此例代替人的身形而說明之。下有鐘口即是胯圈；上有鐘蒂即是肩圈；中有腰圈。」可以此段論述結合朱懷元此拳勢領悟。

朱懷元是汪永泉太極體系中很重要的一位拳家，有一定的承上啟下作用。出版有《汪永泉傳楊氏太極拳功札記》，對其拳學有系統闡述。

【朱懷元小傳】

朱懷元（1911—1999年），楊式太極拳家。汪永泉弟子。注重意氣的鍛鍊，拳理明晰。自幼酷愛體育運動，足球、羽毛球皆有較深造詣。少年時拜通臂名家梁海如為師，學習如意通臂拳，歷時9年。1934年在北京協和醫院跟隨汪永泉學習太極拳，1957年正式拜師。畢生鑽研太極拳，不事張揚。

其拳架舒展大方，從容大度，具王者之氣。為人淡泊，授徒嚴格。傳人有其子朱春煊，以及弟子石明、李和生、張清池、宋國江、張棟臣、孫治、楊智、石長河、胡立群、李延璽、魏顯忠、張銘心等。

六封四閉　蔣家駿演示

體悟中來　神運無慌

——蔣家駿「六封四閉」悟解

「六封四閉」是陳式太極拳的重要拳勢，在傳統陳式太極拳套路中多次出現，既起到連接作用，又鍛鍊了獨特的陳式太極螺旋纏絲勁。練好「六封四閉」，是練好陳式太極拳的關鍵一環。

蔣家駿演示的此式，展現了洪傳陳式太極拳細膩輕靈、綿密宛轉、精緻含蓄、自然雍容的特點。

閉其戶，塞其兌。無休無止，生生不息。

出入在盈尺之地，縱放在天地之間。我守我疆，中道皇皇。退一步海闊天高，進一步風平浪靜。進退有法，法在若有若無不經意處。

蔣家駿為洪均生弟子中的佼佼者，在理論、實踐與推廣方面均為洪門翹楚。蔣家駿在其編著的《太極拳師門對話錄》記述了洪均生講拳的眾多論述，有許多獨到精闢之處，如論述「悟」與「神」時，深入透徹。

洪均生說，「悟」是一種複雜的思維形式，它是由「神」的活動來完成的，神是悟的主體。神又分後天「識神」和先天「元神」。識神是人的後天意識，它主宰著人的思維邏輯，識神透過人的感官，如眼、耳、鼻、舌等不斷認識事物，從而獲得自己所需要的知識。元神是先天的

意識，或稱為潛在的意識，它控制著人的直覺、預感等特殊的思維形式。元神不需要由眼、耳、鼻、舌等感官就能獲得對事物的認識，因此，也有人把元神稱為第六感覺。元神的思維沒有邏輯性，往往是靈機一動，心血來潮就能得出問題的答案，但是結果卻常常具有創造性。

悟的本質，概而言之，就是接通先天貫通後天。接通先天就是元神活動，接通先天的資訊，融合先天的本性，提供修煉所需要的靈動消息，但這個消息只是瞬間的，點滴的閃光，能抓住這種閃光就是悟的開端，這種心靈的閃光越明顯，就越能產生高級的智慧。光有這種靈動消息還不能徹底解答自己的疑問，還要運用自己的識神，圍繞靈動消息充實和補充大量的後天知識，並以靈動為主線，貫通後天知識，形成一個新的總體。

這個總體是先天後天的有機結合，即「陰中陽、陽中陰」的平和，展現出來的就是創造發明。悟是元神的靈動，是識神利用靈動進行邏輯思維的結果，兩者缺一不可，因此「正悟」具有真實性、客觀性、超前性。

在悟的不同層次中，識神和元神的作用發生著變化，悟在修煉中分為三個層次：

1. **有心有意層次**。主要以後天識神的活動為主體，是對有形有象的直觀，以默念所需拳論去效仿明人拳式，聽高人講道掃除雜念。這是一個複雜的邏輯思維過程，也是把有形之法不斷催化出能量，聚集於竅，不斷有所感覺，在後天意識中反映，從而得到一些淺悟。

2. **有心無意層次**。是減少識神活動，使元神活動更加活躍的過渡層次。在行拳中似想而非想，集中於返觀內

照,形象若有若無。對一些現象只能意會不能言傳,可在行拳中偶爾發現一點奇異,或突然若有所悟,但要經過識神大量的演繹、排列,才能逐漸明通,能夠訓練好「接連先天,貫通後天」的功夫,也能獲得無窮的智慧。此乃靈感要過渡到第三個層次。這是行拳悟練結合的突破,不要人為地進入第三個層次。

3. **無心無意層次**。對自然界的事物能明於口,亦明於心,洞悉一切,大用現前。先天後天結合,在悟中直接得出結論,成全一體,無內無外,一切皆空,只有靈光照耀,慧眼遙觀,明徹天地萬物的生化規律。我國古籍中有很多描寫這類神奇現象的書籍,其源於此。由於此時行拳練功能使元神停居於真空之境,而達到定,由定而生慧。

由以上三個層次的劃分可以看出,由於人出生後多是運用後天識神,而很少觸及元神,致使元神的巨大潛能被人為地埋沒了。行拳練功的目的就是要揭開籠罩著元神的迷霧,不斷地運用元神開發人的潛能,使元神和識神的運用達到平衡,直至最後,元神和識神的運用在悟中統一起來。

體會蔣家駿拳法,當從細緻處把握行拳的神韻。

【蔣家駿小傳】

蔣家駿(1942—),陳式太極拳名家。江蘇徐州人,號藝癡堂主人。洪均生重要弟子。自幼酷愛武術,隨其父蔣振國習練武當拳法,後經名家錢樹樵指點,武藝日精。1952年師從陳照丕習練陳式太極拳老架,及各種長短器械。又隨西安陳金鰲學習了陳式小架。1964年拜入洪均

生門下，相隨學習數十年，並得到陳發科之女陳豫俠等的指點。1983年在江西南昌舉辦的「全國推手邀請賽」上獲得75公斤級冠軍，運用傳統的陳式太極拳功夫訓練學生，獲得顯著成效。拳風樸質真雅，端正自然。

1985年，應「日本太極拳聯盟」邀請，赴日本講學，傳授陳式太極拳拳械功夫。1987年應邀參加在四川省成都舉辦的首屆「全國太極拳名家演討會」，其論文《怎樣練習陳式太極推手》被收入《太極拳論文集》。1988年應邀參加在廣州舉辦的第2屆「全國太極拳名家演討會」，其論文《太極拳推手的力與巧》被《武林》雜誌選登。2002年應邀參加在鄭州舉辦的首屆「中國傳統武術名家研討會」。2003年應邀參加在福建泉州舉辦的第2屆「中國傳統武術名家研討會」，2004年應邀參加了在安徽省馬鞍山舉行的「太極拳國際交流大會」。2006年應邀參加了在中國安徽省馬鞍山市舉辦的「第3屆全國太極拳名家研討會暨首屆國際太極名家論壇」。2007年，應邀參加了由香港國際武術聯會主辦的「首屆國際太極拳邀請賽暨太極拳名家工作坊」，並主持了太極拳名家工作坊的工作。2007年10月，受中央電視臺《武林大會》邀請，擔任「武林大會陳式太極拳訓練營」的總教練和技術指導。

注重研究，理法並重，發表了大量太極拳研究論文。著有《陳式洪架太極拳法傳真》《太極拳師門對話錄》《蔣家駿太極拳文集》等書。

擔任中央電視臺《武林大會》專家評委；任徐州市武術輔導總站主任，徐州市陳式太極拳研究會名譽會長等。

六封四閉　張志俊演示

求真入理　順逆有衡

——張志俊「六封四閉」悟解

張志俊自號「太極閒人」，其實他一點也不閒。他只是拋卻了很多俗務俗事，以便騰出更多精力去想去做自己認為值得的太極事業。他認為「沒有率先登頂的責任感就不配做太極傳人」，因此他敢為天下先，與國家體育總局科研所等機構合作，由中央電視臺全程監控攝像，進行了系列太極拳勁法、技擊等的科學試驗研究。有關情況在中央電視臺播出，引起廣泛關注，開拓了一種太極拳研究的新途徑、新方式。

張志俊先生在教學中也善於運用科學知識來把複雜的道理簡單化，將深奧的理論具體化，用人體科學、運動力學、心理學、自然美學等理念來詮釋看似玄妙的太極拳原理；用槓桿、切線、螺旋等科學的名詞來詮釋「四兩撥千斤」之妙。

張志俊先生視太極拳為一種藝術，他演練的拳架套路嚴謹，法度明瞭，輕沉兼備，行雲流水，韻味深長。在推手和實戰中，他勁路清晰、手法圓潤、招法純熟、揮灑自如，充分體現太極拳驚、炸、空、靈的技術風格。

陳式太極拳一項核心技術就是纏絲勁，其中，順纏、逆纏為兩種主要纏絲方式。對此，張志俊先生有過精闢論

述：上肢的要求是起於梢節。小指領勁，其他手指遞個跟上，掌心空、虎口圓、拇指合，為順纏。拇指領勁，其他手指遞個跟上，掌心空、虎口圓、小指合，為逆纏。下肢的要求是起於梢節。小趾領勁，膝外展，為順纏。大趾領勁，膝內扣，為逆纏。中節胸腰部分只做螺旋升降運動。

此拳照為張志俊先生演示的陳式太極「六封四閉」。其中包含了順纏、逆纏多種運勁方式，是一種綜合性鍛鍊拳勢。練好「六封四閉」，對於體會陳式太極拳纏絲勁有重要作用。

如圖為半馬步步型，重心偏左腿。右手順纏上托，勁貫掌指，左手逆纏轉臂，以手背弧形向左上挪，勁貫手背，五指斜向下垂，兩手指均保持鬆展之意。身體微左轉蓄勢，為右按做好準備，此時為開，按掌上步為合。

張志俊強調，「開合」是螺旋纏絲勁的轉關形式。太極拳的精華概括起來就是「虛實開合，起落旋轉」。「開合」是肢體運動的外在形式。開後是合，合後是開，一開一合，道法自然。以腰為軸，周身外挪內裹謂之合；以腰為軸，勁力四面放射謂之開。「開合」又指關節的開合，這是肢體運動的內在形式。

「轉關之處須有開合」，這個開合是指關節的拉長。經過不斷的開合的訓練，我們的各部分關節才有可能放鬆、伸展，最終達到周身的鬆柔。

「引進落空合即出」，這裡的「合」，是指力點的發放，指打擊。對上肢來說，順纏為合，逆纏為開。對全身來講，合時上肢順纏，下肢逆纏；開時上肢逆纏，下肢亦為逆纏。

「開中寓合，合中寓開」，講的是太極拳所特有的陰陽之道和辯證哲理。就太極拳的形體語言來講，每一個動作中都有開合存在，相互包容，互為其根。

【張志俊小傳】

張志俊（1945年3月—　　），陳式太極拳家。河南省焦作市龍洞鄉許河村人。原供職於鄭州國棉四廠行政處。因工作原因，身體多病，1970年開始習練陳式太極拳，兩年後百病皆消，身體康復，拳藝大進。

1973年間，他六上陳家溝學藝。1974年在鄭州拜陳照奎為師。陳照奎曾數次在其家中開班授拳，培養過眾多太極名人。也曾多次北上找尋陳照奎改拳。練功刻苦，技術全面，精於推手、擒拿、格鬥。70年代末開始在河南各地教拳，並逐步走向全國。

在太極拳理法研究中也多有成就，在內地及香港、澳門各種武術雜誌發表研究文章多篇。先後被聘任為信陽市、駐馬店市、重慶市、南京市陳式太極拳研究會名譽會長及總教練，香港、澳門陳式太極拳健身會榮譽會長。弟子有張鵬、吳方成、劉越、張春、李文欽等。共教授過海內外學生萬餘人。

周世勤太極拳勢

五捶環循　四季衍武
——周世勤太極拳勢悟解

　　李式太極拳是主要流傳於北方的太極拳拳種，又稱太極五星錘，是近代著名武術家李瑞東和好友王蘭亭等集多種門派的武術精華創編的。曾經是匯通武術社的重要教學內容。當時的匯通武術社社長高瑞周即為著名的李式太極拳家，當今李式太極拳重要傳人有白玉璽、周世勤、馬金龍等。

　　此拳照即為周世勤先生演練的李式太極拳。周世勤先生為京城武林名宿，廣拜名師，精研多家太極功夫，有多種著作問世，積極傳播太極文化。他介紹李式太極拳的特點說，李式太極拳就是以太極拳的肘底捶、撇身捶、指襠捶、栽捶等捶法為基礎，糅入太極十三式和八卦掌、形意拳的一些手法創編而成。在動作和技擊的方法上，吸收了上述各門拳術的手法，尤其側重下盤功夫，以體鬆、緩慢、連貫靈活、意念引導動作為基本原則，動作名稱和姿勢要領，多取自於陳式和楊式太極拳。

　　李式太極拳講究練「理」、練「勢」、練「氣」、練「機」。以「理」為主導，認為明「理」才能「勢」正、「氣」暢、「機」靈。李式太極拳的風格特點是「體鬆舒展，剛柔相濟，連貫靈活，體用兼備」。

　　李式太極拳套路共分四趟，以春、夏、秋、冬四季命名。四趟分別獨立，每趟動作包括起勢和收勢，每趟都有兩個爆發力的動作，可以單獨演練，也可以四趟連起來演練。在不失技擊含義的基礎上，結合醫道養生，使得拳架舒展大方，動作造型優美，注重中下盤功夫，體用明確，演練起來給人以一種藝術上的享受。

【周世勤小傳】

　　周世勤（1941—　　），太極拳研究專家。山東煙臺人。7歲起習武，1948年拜高瑞周為師習練五禽拳、五龍通花炮、太極五星錘、太極刀、太極劍等拳械，同時從張立堂習練八極拳。1959年考入清華大學自動控制系，先後從王志忠、韓其昌、王培生、孫劍雲等老師學練梅花樁、形意拳、太極拳等。60年代初，曾多次代表清華大學參加北京市高等院校武術比賽，獲得優異成績。1980年積極挖掘整理傳統武術套路，獲北京市體委頒發的挖掘整理傳統武術先進個人獎。長期致力於武術的推廣，培養了眾多學生，在各類比賽中獲多項獎。參與組織了許多太極拳大型活動，積極推進太極拳的科研工作。

　　為北京吳式太極拳研究會常務副會長、航太三院太極拳輔導總站站長、山東省菏澤市武術協會顧問、河南省焦作市吳式太極拳研究會武學導師。擔任北京吳式太極拳研究會會刊《吳式太極拳》主編。連續多年被評為北京市優秀武術輔導員。1983年被中國武術協會評選為全國優秀武術輔導員。在各類武術雜誌發表文章多篇。為北京市武協李式太極拳研究會名譽會長。

董茉莉太極劍勢

把劍共語　何當其鋒
——董茉莉太極劍勢悟解

　　董茉莉留下的拳照不多，蓋因董家是比較傳統的，把太極拳的表演、拍照看作是非常盛大隆重的事情。每逢要演示，從服裝到狀態都認真對待，她說，這是「敬拳」。所以董家自董英傑始，留下的拳照以及錄影技術品質均為上乘。董茉莉說，因為要給人看，不能誤導旁人，不可等閒視之。

　　董茉莉也很少表演，2004 年在香港國際楊式太極拳大會上，我看過董茉莉完整演示了一套傳統楊式太極劍，輕爽流暢，人劍合一。後來瞭解到，她自幼就在劍上下過大工夫，年輕時就曾在學校聯歡活動中表演過太極劍，幾十年的功底，將劍鍛造得靈性十足。

　　看她練劍，彷彿與劍共語，自在得意。劍的鋒芒被她的溫婉消融，化作止戈問道的倚天神器。

【董茉莉小傳】

　　董茉莉（1940— 2009 年），楊式太極拳家。董英傑之女。年幼時即先後隨父、兄學習楊式太極拳。十多歲開始協助教授太極拳。其父去世後，其兄董虎嶺長期在美洲、歐洲推廣太極拳。於是接任香港英傑太極拳社教務，1966

年開始擔任香港英傑太極拳健身院院長。

　　1986年考獲中國國際武術裁判，1987年任香港武術聯合會裁判主任，任名譽會長。1988年任日本全國武術太極拳比賽太極拳裁判，1988年創立澳洲董茉莉太極拳武術學院，任院長。1990年擔任第11屆亞運會太極拳裁判。1996年起任香港中文大學太極拳學會名譽顧問兼導師。1997年起任香港精武會會長。2001—2002年為國際武術聯合會大洋洲傳統武術委員會代表。

　　長期在香港及世界其他國家和地區傳播、推廣太極拳，為香港太極拳代表人物之一，是楊式太極拳具有國際性影響的人物。

褚桂亭太極拳勢

岳峙淵停　瀟灑流變

——褚桂亭太極拳勢悟解

　　太極拳一向被稱為「內家拳」，經常和形意拳、八卦掌並稱。過去很多武術家習練太極拳者，也多兼習形意、八卦，以及其他相關拳種，當然程度有深淺之分。褚桂亭就是一位太極、形意、八卦皆精通的傑出武術家。

　　褚桂亭性格和善敦厚，他常說一句話：「江湖走老了，膽子變小了，天下高手多得很吶，強中自有強中手，拳學了最好一輩子不用。」此乃一位優秀武術家的修為。

　　褚桂亭為上海武林一方雄傑，一生從學皆為武林巨擘，太極拳從師於楊澄甫，並得到楊少侯指導。他隨李景林學習了武當劍，深得真髓，與黃元秀的武當對劍冠絕一時。武當劍的輕靈秀逸被他融合在了太極拳功夫中，所以他的太極拳架沉穩、舒展、輕靈。

　　褚桂亭認為：「太極拳的動作是自然的開展，它著重身體的正確姿勢，拳架舒鬆、柔和而緩慢，血流可以暢活，呼吸可以深長，它要意識與動作合一，心身並修。它非但可以健身，並可以技擊。」

　　此幅拳照為褚桂亭先生演示的太極拳四正手之「按」，全身空鬆，勁意飽滿，身體處處弧形而不凹陷，兩掌按中有合，形成複合勁。雖是前進外按之勢，但四面

八方鼓蕩呼應，且守中不懈，展現了功力精純的武術家才能達到的岳峙淵停的自如境界。

【褚桂亭小傳】

褚桂亭（1892—1977年），名德馨，字桂亭。出生於河北省任丘縣鄭州鎮南關村一個小康農民之家。清末時期當地盛行練武，每年秋冬季，來自河北、山東、河南、湖北等地的武術高手雲集任丘，設擂比武，擺場較量，熱鬧非凡。幼年時期的褚桂亭深受環境的影響，立下要練就一身真本領的雄心壯志。

他歷盡艱辛多次出走湖北、河南、山西、四川等地，尋訪名家高手，潛心拜師學藝。他青年時期就精通多種拳術，對少林、武當等派別頗有研究，尤擅形意拳、八卦掌、太極拳，其形意、八卦先後受業於李存義、梁振甫、張占魁、孫祿堂、姜玉和、尚雲祥、黃柏年等名師；武當劍法是受益於李景林；而太極則受教於楊澄甫、楊少侯。武功深得各名家真髓，為一代傑出武術大家。

單鞭　楊振鐸演示

中正爲天下宗

——楊振鐸「單鞭」悟解

楊振鐸先生爲當代楊式太極拳的代表人物，也是當今楊式太極發展最有力的推動者。其拳架舒展大氣，工整規範，嚴格遵循了楊澄甫所傳太極拳的傳統要領，是現在很多人學習楊式太極拳所參照的範本模版。在海內外培養了大批學員、弟子。

楊振鐸拳如其人，人如其拳，謙和禮易，沖遠平淡，楊家的胸懷也是楊式太極拳得以廣泛傳播的一個重要因素。

「單鞭」是楊式太極典型動作之一。最能體現楊式的中正和舒展，在變勢中也含有豐富的身法、步法、手法資訊。在定式前有轉體迴旋動作，定式時，要同時做到楊式太極拳所要求的「虛靈頂勁」「鬆腰胯」「氣沉丹田」和「沉肩墜肘」等幾大要領。

楊振鐸專門總結有單鞭練習口訣：「重心後移；兩手置平，右腳板微離地面。左臂平屈坐掌，腰帶扣腳兩臂環，轉過來，坐過來，兩臂環過去，勾吊手，翻掤手，先出步，後轉身，左掌向前伸出，弓出左腿。」他在解析單鞭要領時說：「兩臂平環弧，須隨腰轉動，兩腳也隨同腰部將重心由左腿移向右腿。兩臂環弧，先以左臂爲主在前右臂相隨，爾後又以右臂爲主，向裡往後環弧，環弧時左臂相隨。兩臂之一領一隨，動作須協調，尤其右臂裡屈平坐掌

時，一定要環成弧形。上身應保持中正，尤其兩腿虛實變轉過程，要逐漸變。須注意含胸拔背，鬆腰，鬆胯。臀部易突出，要注意收臀，保持軀幹的正直。頭應隨身轉動，兩眼應隨同主手前進方向看。不能死盯著手看。這不僅會呈呆板像，看久後會使頭腦發昏。右手吊手腕關節向下彎曲，順勢使小指、無名指、中指、食指、拇指垂直合攏，手指彎曲度不宜過大，指尖也不宜死捏在一起。其吊手下垂與掌的正坐、平扣，同屬一個意思。注意勁的內涵及整體協調。」

楊振鐸先生善於用深入淺出的語言把複雜的要領趣味化，他編定了很多朗朗上口的練拳口訣，使學者很快能抓住要領，這也是「楊式教學法」的一大特色。

【楊振鐸小傳】

楊振鐸（1926—　　），楊式太極拳名家。河北永年人。楊澄甫之子。當代楊式太極拳代表性人物。自幼習練楊式太極拳、械功技。其拳架端正宏大，流暢開展，獨具風範。深得楊澄甫太極拳精髓。1979年、1980年分別在南寧和太原舉行的全國武術觀摩交流大會上獲得金獎。曾多次在山西、北京、海南等全國各地教授拳技，組織楊式太極拳國際交流活動，並應邀在各種國際性太極拳交流會上作示範表演。還遠赴海外講授楊式太極拳理法，為具有廣泛影響的太極拳傳人。參與了中國武術研究院楊式太極拳競賽套路的編訂工作，並擔任培訓主講老師。應邀擔任首屆世界太極拳健康大會等重要活動輔導名家。著有《楊式太極拳》等多種著作。為山西省楊式太極拳研究會會長。其孫楊軍、楊斌自幼學練太極，為其傳人。

梅墨生太極拳勢

梅山墨色　生機天然

──梅墨生太極拳勢悟解

談梅墨生的拳，不能不談他的書畫。

中國的書畫層次有三：

一為功力，需勤學苦練，功夫下到，功力自然增長，當然前提是要得法，方法正確。過去的私塾這類功夫下得很足，用功日久，就顯出深厚功力。

第二層次是境界，有了境界，書畫才有了真正的文化，有了意態，才給功力增添了韻味、活力，境界加功力，就達到了藝術的層面。只有功力，還是寫字匠、畫匠。

第三層次神韻，境界有高低，高境界結合深厚功力，才能使書畫產生神韻，有超越形式之上、飛揚紙面以外的情感、精神與人文感懷。

梅墨生先生的書畫，就有著別樣的神韻意味，在技法上脫去機巧，戒除繁瑣，在章法上陰陽互補，動靜相生，其山水不渲染外形的奇峭險突，用有限的筆墨營運出浩蕩沖遠的充盈之氣。

這些也正是梅墨生先生太極拳法中所展現出的特點韻味。拳與書畫的交融，產生了天然的一種生機趣味，使觀者能夠在人類生存、生命的大境界上領悟中國文化的形

態。

梅墨生先生太極功夫師承名家李經梧，李先生注重太極內功的修持，梅先生在「內」的層次上打通了不同的中國傳統文化形態之間內在的通道，因此其拳法中體現的是一種尚意不尚形的神韻。此幅拳照架勢開展，勁氣順達，工於形而不流於形，動中寓靜，生機盎然。

【梅墨生小傳】

梅墨生（1960—　　），陳、吳太極拳傳人。著名書畫家、太極拳研究專家。河北人。又名覺公。1981年畢業於河北輕工業學校美術專業，1991年修業於中央美術學院國畫系。1998年入首都師範大學書法藝術教育碩士研究生班。於書法、繪畫創作與藝術史論研究卓有成就。作品曾獲首屆全國電視書法大賽一等獎、中意杯龍年國際書法篆刻大賽書法金獎等。作品多次入選重大展覽及作品集，名錄收入多部辭典。

曾任教於中央美術學院國畫系。在書畫理論研究、創作上均卓有成就。為中國書法家協會會員、中國美術家協會會員、中華美學學會會員。現在中國畫研究院任職。少年習武，練內家功夫。長期習練太極拳，師從李經梧。於理論、實踐均有突出造詣。感悟太極理法融入書畫藝術創作，獨具意境。

所書《梅墨生小楷太極拳譜》為拳、藝結合佳品。多次參加國際性大型武術活動，做名家演示，曾被《武當》《武魂》等武術刊物作為封面人物介紹。

陳微明太極劍勢

文心劍膽　妙手武章
——陳微明太極劍勢悟解

　　陳微明是楊式太極拳發展史上一位重要人物。與楊澄甫相關的第一部重要著作就是 1925 年出版的由楊澄甫口述、陳微明筆錄的《太極拳術》，書中首次採用楊澄甫寫實拳照 50 多幅，該書是深入研學楊式太極拳的重要文獻。封面「太極拳術」題字者為近代著名政治家、書法家鄭孝胥。當時社會名流 馮煦、陳三立、潛道人、朱孝臧、胡嗣瑗、學海樓齋主等為書題詞。陳微明後來又出版有幾種太極拳、械著作，影響廣泛。

　　人民體育出版社於 1994 年 9 月將陳微明所著《太極拳術》《太極劍》《太極答問》合併為《陳微明太極拳遺著彙編》出版。趙樸初先生題寫了書名，並高度評價：「今則亞洲及歐美等國慕名而研究學習者日眾，其反映先生之倡守之功不可沒也。」

　　在《太極拳術》一書序中，陳微明記述自己學習楊式太極拳的經歷以及對太極拳的一些理解，可作為我們瞭解陳微明及其著作的導讀：

　　「余幼聞武當派太極拳之名，心慕之而未遇知者。乙卯游燕，得見完縣孫祿堂先生，授以形意八卦。聞友言廣平楊氏世傳太極，丁巳秋，訪得楊露禪先生之孫澄甫，不

介而往見，問曰：『人言太極楊氏最精，而弗輕傳人，然乎不乎？』澄甫先生笑曰：『非不傳人，願得其人而傳也。吾祖受之河南陳氏，今將歸之陳。君如好之，吾不秘惜。』於是從學七年，以澄甫先生口授之太極拳及大小捋諸式，筆之於書，以傳於世。太極拳術，宋張三豐祖師所傳也，稱為武當內家，其異於外家者，舉之略有數端：一動中求靜，與道相合；一純以神行，不尚拙力；一呼吸根蒂，氣沉丹田；一循環無端，綿綿不斷；一不離不距，隨機應變；一專氣致柔，以弱勝強。其術純任自然，無幾微勉強。余年二十餘，軀羸多病，髮白十之三四，自遇孫楊二先生，習內家拳術後，精神發越，大異於前。余友有因病習者，雖勞傷痼疾，莫不霍然脫體。誠養生卻病之妙術，禦侮其餘事也。余今年創辦致柔拳社於海上，召集文雅之士，共同研習，因印此書，俾學者有所遵循，求其體式之中正。又將王宗岳先生所著太極拳論加以注釋，附印於後，俾學者知用法之精巧。惟是太極拳式，曲中求直，變動不居，實難以筆墨形容，雖力求簡明，仍恐有不盡之處，閱者諒焉。」

　　為推廣太極拳，陳微明於 1925 年創辦了致柔拳社，研究、傳播太極拳等國術。

　　陳微明不僅是一位理論家、太極拳活動家，他還是一位造詣高深的練家子。他學拳時將楊澄甫講課細細筆記，可見其用心之專，用情之深。

　　這幅太極劍，氣宇不凡。功架老到，精神貫注。運劍時的肩、肘、腕、手完整一氣，右手出鋒，左手藏鋒，虛實相應。

在陳微明的著作中，有一篇《太極合老說》，將老子學說與太極理論結合論述，微言大義，學者細細體會，當有所獲。其文為：

老子曰：「常無欲以觀其妙，常有欲以其觀其徼。」與之黏隨，觀其化之妙，忽然機發，是謂觀其徼。

老子曰：「有無相生前後相隨。」是謂左重則左虛，右重則右杳；進之則愈長，退者則愈促。

老子曰：「天地之間，其猶橐籥乎？」虛而不屈，動而愈出，故太極無法，動即是法。

老子曰：「綿綿若存，用之不勤。」綿綿若存者，內固精神；用之不勤者，外示安逸。

老子曰：「後其身而身先，外其身而身存。」後其身而身先者，彼不動己不動，彼微動己先動也；外其身而身存者，由己則滯，從人則活也。

老子曰：「上善若水。居善地，心善淵，事善能，動善時，夫惟不爭，故無尤。」居善地者，得機得勢；心善淵者，斂氣斂神；事善能者，隨轉隨接；動善時者，不後不先。太極之

無敵惟不爭耳。

【陳微明小傳】

陳微明（1881—1958年），太極拳教育家、太極拳活動家。字慎先，名曾則，號微明。湖北蘄水人。青少年時期研修國學，根基深厚。1902年，年方21歲的陳微明與其兄曾壽、弟曾矩入京科試，弟兄三人同時中榜，均位列前十名，名噪一時。陳微明以文為生，先後擔任過浙江求是

學院教授、北京五城中學優級師範國文教授、《清史稿》纂修等職，名聲頗大。30多歲時，對武術產生興趣，從孫祿堂學習形意拳、八卦掌。後學習楊式太極拳，先就學於楊少侯，後專門從師於楊澄甫。盡心鑽研，大力開展太極拳的推廣活動。

1925年在上海西藏中路寧波同鄉會創辦「致柔拳社」，後在廣州等地設立分社，廣泛邀請太極拳名家授課。在太極拳研究上成績顯著。在楊澄甫門下學藝期間，用心積累，將楊澄甫口授身演的太極拳技藝詳細進行筆記，後彙集成冊，連同楊澄甫所贈的五十餘幅拳照，附之以王宗岳《太極拳論》注釋，由中華書局出版發行。為當時太極拳重要著作，轟動一時，對於楊式太極拳的發展發揮了巨大的促進和普及作用。

書中採用的眾多楊澄甫拳照，以及陳微明、許禹生、陳志進等的拳照，生動展現了楊式太極拳的精品技術規範。此外還著有《太極劍》《太極答問》等。1994年出版有《陳微明太極拳遺著彙編》。

三通背　李斌演示

虛實互通　弘武守中
——李斌「三通背」悟解

　　李斌是孫氏武學年輕一代的突出拳家。在和李斌接觸中，他對於武術的巨大熱情讓我感歎。正是有了這種熱情，他從很多年開始，孜孜不倦追求武術的真諦，後來選擇了孫氏武學作為自己主攻努力的方向，先後隨孫叔容、張烈等人學習，終於成為當今孫氏武學的中堅人物。

　　李斌畢業於專業體育大學，具有現代運動的科學知識，這使得他可以更加理性認識傳統武術，對於拳功的研修角度也比較立體化。他的行拳勁力完整，協調性強，注重內在感覺，在簡單招式中能夠深入挖掘層次豐富的內涵，曾在高手如林的世界傳統武術節上獲得金牌。

　　「三通背」是孫式太極拳的一個重要動作，包括了身形的俯仰、迴旋等動作，在孫式太極拳中屬於空間變化比較大的式子。

　　李斌演示的此拳照，精確表現了三通背的虛實關係和技擊意識。雙手掌心均弧形內含，右手出擊，實中有虛，左手為護，虛中有實，全神貫注，穩中求變。

【李斌小傳】

　　李斌（1969—　　），孫式太極拳傳人。遼寧鐵嶺人。

孫叔容弟子。畢業於河南大學公共體育系、北京體育大學武術系。自幼習武，刻苦用功。先後隨全國多名名家學習少林拳、峨眉拳、太極拳、形意拳和散打等功夫。曾獲少林武術節散打冠軍、河南省太極拳推手比賽冠軍，在首屆世界傳統武術節上獲得一等獎。協助孫叔容、孫婉容、孫寶亨等人編輯出版了《孫祿堂武學大全》《武術大師孫存周先生110周年紀念冊》等書。

創辦深圳弘武武術俱樂部，發起成立了孫祿堂武學國際發展中心，並被推舉為主席。長期積極組織、開展孫祿堂武學交流活動，向世界多個國家推廣孫式太極拳，為孫式太極拳在海內外的發展發揮了突出作用。為深圳市武術協會副主席、深圳榮和傳媒集團董事長。

丁杰太極拳勢

金石揚花　退藏於密

──丁杰太極拳勢悟解

丁傑是陳式太極拳一代驕子，曾笑傲賽場多年，連續十幾次在全國武術比賽中獲得金牌，壟斷了一個時期的陳式太極拳冠軍。多次代表中國隊參加國際比賽，獲得優異成績。

在演練競賽陳式太極拳套路時，很多運動員容易迷失，漂亮、好看，但失於浮華。丁杰在傳統與競技技術中找到了一個平衡點，在瀟灑飄逸的競賽套路中保持著濃郁的傳統風韻與氣息。丁杰走了一條成功的路。

此照片為丁杰作為運動員鼎盛時期所拍攝的拳照，功架紮實，舒展飄逸，有傳統太極拳的韻味，又體現了現代優秀武術運動員的良好基本功。該拳勢為掩手肱捶發勁前的動作，全身的撐勁和彈簧勁十分充盈，神情貫注於發力點，虛實清晰，步型、手型規範。

丁杰的發勁動作完整輕快，彈抖鬆活，收藏時輕如楊花，崩彈時堅如金石，令人賞心悅目。

對於那些想把拳練得十分好看、又不失去傳統風格的人來說，多看看丁杰的拳照或者錄影將是一種很好的學習方式。

【丁杰小傳】

丁杰（1963—　），著名武術運動員。全國太極拳比賽冠軍。河南商丘人。1977年入河南省體校武術隊，後入選河南省武術隊。主練陳式太極拳，其拳路清晰流暢，架式中正，剛柔相濟。

共十幾次獲得全國及國際性太極拳比賽的冠軍。為武術運動最高等級「武英級」獲得者。退役後長期在日本等地推廣太極拳。

白鶴亮翅　傅聲遠演示

體鬆柔綿　氣固神凝
——傅聲遠太極拳勢悟解

　　傅家一門，太極宗風，傅聲遠承先啟後，為國際級太極名流。傅家的拳，自傅鍾文先生始，氣宇其中，法度其外，逐漸形成拳中的雍容華貴之勢。

　　傅聲遠先生此拳照為「白鶴亮翅」過渡動作，雙臂先合後展，合抱一團神氣，展開神遊天地。右掌掌心向上，左手掌心向下，上下交錯。右手食指領勁，與腰胯領提左腿相合，完成重心、步型、身形的轉換。「白鶴亮翅」一勢，關鍵在於「意氣須換得靈」，身體的轉向幅度較大，腳下也完成了一個完整的虛實變化過程，定勢時左腳虛步點地，這一切都要做到氣息不亂，自然流暢，全身必須協調統一。

　　傅聲遠先生強調，太極拳的動作是全身的運動，不是一部分的運動；是柔和的運動，不是劇烈的運動。其全身的運動與柔和的運動，即是連綿不斷、剛柔相濟的太極運動；是自然而然的趨勢，不是玄妙的；而以身體的自然動作，毫無勉強矯揉造作於其間。太極拳之動作以腹為主。腹為人身最中處，此處一動全身無不動矣。太極拳運動，不動則已，動則全身皆動。故一動而不全身皆動都非太極也。腹即為人全身最中處，腹部一動，兩腰、兩手、兩足皆不疾而速。太極拳動作之發動以腹（即丹田）為主，不用劇烈之力，全身之動作無有不到；外面極其柔和，內裡

延綿不斷之力，息息增長。我們從此拳照中可以看到，傅聲遠先生以腰為主的轉、提、領的運動結構。

傅聲遠還指出，學太極拳要瞭解「鬆」「固」「凝」三字的重要性。何謂「鬆」？體要鬆。何謂「固」？氣要固。何謂「凝」？神要凝。體鬆、氣固、神凝，漸漸可以達到太極之境界。他進一步解釋說，體鬆就是不用強力，動作自然，周身普傳，動作無所不到，而且平均如一，不用力則柔，沉勁雖輕而小，是全部的力，能得其中。氣固就是不散漫，氣不散漫，動作始能不散漫；動作不散漫，周身始能一體。如何能使氣固，即把氣沉在腹部，不要浮在上面。練拳之時，肩要垂，肘要墜，腰要塌，久而久之，氣自然沉下，所謂心虛、腹實是也。腹實則氣固，身體便有重心，無論手足如何動作，重心總在腹，得其重心，動作自如矣，故曰氣固則身自穩也。神凝就是內外相合，而能凝定也。做到內外相合，然後身心一氣。肩與胯合，肘與膝合，手與足合，是謂外三合；心與意合，意與氣合，氣與力合，是謂內三合；此六合是謂內外相合，六合則身體中正矣，身體中正，神即提得起。

【傅聲遠小傳】

傅聲遠（1931—　），楊式太極拳名家。太極拳名家傅鍾文之子。河北省永年縣廣府鎮人。9歲在上海隨父習楊式太極拳，上世紀60年代開始在上海精武體育會教拳，曾任同濟大學太極拳教練。數十年來教授的學生逾數萬人。1986年移居澳洲，創建了多個國際性太極拳機構，並在海內外廣泛傳拳。

楊靜太極拳勢

行同乎水　止侔乎山
——楊靜太極拳勢悟解

　　楊靜人很靜，拳架也靜，沒有煙火氣，有脫俗感。很多運動員打拳，工藝感很強，那是明顯的「設計」痕跡，楊靜沒有。所以她的拳也很「淨」，純淨。

　　有人說，太極拳如水，水首先要淨，有了淨再有柔，以柔克剛才有能量。拳的雜質越少，轉化為剛的能量越大。由靜生動，便有了拳論所說的「行同乎水流，止侔乎山立」的意味。

　　看楊靜的拳，有一種超凡脫俗的味道。這幅在武當山練拳的照片，正是情景交融，很好表現了她拳的特點。

【楊靜小傳】

　　楊靜（1973—　　），女，太極拳冠軍。首都體育學院民族傳統體育系教師。天津人。畢業於天津體育學院。自幼習武，8歲獲得天津市青少年武術比賽乙組長拳，刀術冠軍，10歲被選入天津武術專業隊，從事專業武術訓練。1988年全國青少年武術錦標賽獲得女子對練冠軍。

　　1990—1997年間曾多次獲得國內外武術重大比賽的多個單項冠軍。

　　自1988年起，先後從師於多位太極名師，潛心鑽研太

極拳，歷經多年的刻苦磨鍊，繼承了中國傳統太極拳的精髓，結合現代競賽太極拳的特點，從而逐漸形成了自己演練風格，並多次獲得了全國和國際大賽太極拳冠軍。

1991年，被國家體委武術運動委員會授予「國家運動健將」稱號。1995年，代表中國參加在日本舉行的第6屆中日太極拳比賽，獲得楊式太極拳冠軍。

1996年曾擔任中國國家女隊隊長，赴菲律賓參加第4屆亞洲武術錦標賽，獲得女子太極拳冠軍；同年在全國武術團體賽中獲得女子太極拳、太極劍、對練項目冠軍。

1990—2003年間曾多次代表中國武術代表團出訪日本、美國、德國、菲律賓、馬來西亞等國家進行比賽和教學，受到高度的讚揚和肯定。

2001年3月在海南舉行的首屆世界太極拳健康大會上做技術評委，並參加了名家教學和表演。

張全亮太極刀勢

臨陣寫意　漫卷旌列

——張全亮太極刀勢悟解

　　在很多資料中都看到過王培生先生持刀圖片，看來他是很喜歡這套刀法的。張全亮先生師承王培生先生，也全面繼承了他這套吳式太極刀的精髓。張全亮先生介紹說，這套太極刀整個套路連貫自然，無懈可擊；刀法新穎別致，令人賞心悅目；動作繾綣多姿，令人心曠神怡。其中有的式子為王培生先生所獨創，獨一無二。

　　張全亮為當今著名內家拳名家，在太極拳、八卦掌等方面都有很高造詣，他所領悟的太極刀法要旨更加透徹、深入。在演練中身法靈動、刀法灑脫，無拙重氣，無虛浮氣，有很強寫意感。刀法縝密，如大軍列陣，透風而入。

　　張全亮是一位非常重視基本功的拳家，他認為，器械應以拳為基礎，拳應以功為根基。根深葉茂，拳、械才能練好。他在講課中專門論述過根基問題。他說，根基，是自然社會的規律，沒有很好的根基，大樹生長不起來，高樓也蓋不起來，所以，世界上的萬事萬物，都講究打好根基。「腳下生根」是人體運動的自然規律。人要想運動穩定，腳下必須有根，如果腳下漂浮，人就站立不穩，也就沒法運動了。

　　何為武術的「腳下生根」？張全亮解釋說，過去練拳

要先站樁，要求腳趾抓地，氣沉丹田，意念下沉。這些都是要求整個意念要向下走。但是，事物都是對立統一的，你的意向下走，神則要向上領。這樣在神意上的對拉拔長，人才能重心穩定。比如，人在向上縱跳時，腳下有一種向下的感覺；向下運動時，頭頂會有一種上領的感覺；手在發力時，腳下必須用力蹬地，所以又有「力由腳發」的說法。手上的勁力，必須從腳下起，透過腰的主宰來起作用。所以練習武術要求「腳下生根」，其實就是要求穩定，你穩定了，人才能借助地面發出比較大的擊打力量。如果懸在空中，或者人體失去平衡時，人是發不出力量的。人只有在心氣下沉、腳踏實地的時候，才能穩健地做各種動作。我們講練拳「腳下生根」，絕不是練拳時腳跺地，鑿鑿實實地紮在地上，也不是腳使勁向下踩，這些都是錯誤的練習方法。

練拳時要做到穩定輕靈，應該要按照拳論說的做到「虛領頂勁」，也就是意念腳離開地面，向上領起，這樣腳下反而沉實穩固。如果你意想腳下踩，反而不穩定。內氣下沉，神意要有上拔之意。這就是一對矛盾。

他認為靈活性和穩定性是一對矛盾，只有處理好這一對矛盾，才有真正的根基。他說，武術不講究站死樁，如果站死樁，身法、腳步就滯重了。八卦掌和太極拳都是動樁。武術的攻防動作都是在運動中進行的，站著不動肯定不行。在運動中，要講究穩定、快速、敏捷。因此，靈活性和穩定性在武術中是一對矛盾。沒有穩定性，靈活性就沒有基礎；只講穩定性，沒有靈活性，穩定性也就沒有意義。總之，對「落地生根」的說法不能膚淺、片面地理

解。總體來說，「落地生根」是對的，只有根深，才能葉茂，輕靈敏捷也離不開腳下生根，沒有根基，談不上輕靈。但是，完全是實的，以至於僵滯，也是不對的。正確的做法是虛中有實，實中有虛。所以，講「落地生根」「腳下生根」並不是不講究靈活。過分強調某一方面，忽略了另一方面，都是不對的。

他特別強調根基的穩固，核心在於意氣。他認為，拳架的高低，與身法的穩定並沒有直接的關係，而在於意氣的鬆沉。意氣鬆沉下來了。腳下就能生根，意氣鬆沉不下來，架子雖然低，腳下也是沒有根的。所以，下盤的穩固，並不在於你架子的高低，關鍵在意氣是否能夠沉下來。

另外，拳架的高低，要因人而異。對年輕人來說，可以架子低一些，上歲數的人，架子就要適當高一些。架子的高低只是練習外形，練筋骨皮，人過了五十歲，身體的機能開始老化，所以，不能按照年輕時候的要求去練，應該在意氣鬆沉上下工夫。

從養生的角度來說，人過中年，再像年輕人那樣，做大運動量的運動，架子還是那麼低，是不適合的。要尊重自然規律。中年以後，練習太極拳，要多在內涵、意念上下工夫，不要在形體上下工夫。

上下肢的關係也要處理好，他提出練習太極拳要「上如行雲，下如流水」。即上肢要像行雲那樣輕靈，腳下要像流水一樣平穩靈動。身體不要大動，手不要用力，手是隨著身體的旋轉來輕輕運動的。下面的腳步則像水一樣靈活機動，隨高就低，無孔不入。

198

　　這些不僅是練拳的要領，也是練習太極器械的要領。張全亮出版有《王培生傳吳式太極刀》，詳細講解了此套刀法的技理方法和要領。

【張全亮小傳】

　　張全亮（1941—　　），著名武術家，吳式太極拳傳人。北京大興人。回族。北京大興建築工程公司黨委書記。北京吳式太極拳研究會副會長，北京市武術協會委員。1953年開始習練武術，先後學習了查拳、形意拳、太極拳、通背拳。1974年隨李子鳴練八卦掌，1985年隨王培生學吳式太極拳。積極組織、參加各類武術活動，為北京地區重要的武術家。

　　出版有各類武術著作多部，其中包括《太極拳秘傳歌訣經論釋義》等太極拳圖書。被授予北京市級非物質文化遺產吳式太極拳傳承人。

單鞭　陳正雷演示

不動如山　萬葉千聲

──陳正雷「單鞭」悟解

「單鞭」名為單，實則為一個高度綜合性的拳勢，如果練不好，單鞭容易僵硬。此勢的要點在於，練端正易，練流暢難。

陳正雷先生這幅拳照所呈現的單鞭，虛實相生，在不動聲色中蘊含著萬千生動變化。身形穩如磐石，圓襠鬆胯，氣沉丹田。右手輕攏慢捻，左手外張內吸，四肢舒展，有凌空欲飛的飄逸，工整且不拙。觀陳正雷先生此幅拳照，想起宋代大書法家米芾先生論書「秀潤圓勁，八面俱備」，可為本拳勢寫照。

這幅照片拍攝於 2001 年 3 月。其時首屆世界太極拳健康大會在海南三亞舉行，各流派代表人物會聚一堂，世界各地參會人員近萬人，盛況空前。陳正雷先生應邀作為陳式太極拳名家進行輔導、演示。在大會期間進行了一次海濱萬人太極晨練活動，創下吉尼斯世界紀錄。本拳照即為萬人太極晨練現場所拍。海風椰韻，神清氣爽，精神內守，光華四溢，為天人合一之妙境。

陳思坦太極拳勢

隨意所之　盈虛弛張

——陳思坦「獨立跨虎」悟解

太極拳冠軍很多，一代一代輪換，最終形成自身風格的少，在退役以後還能影響很多年的，除了有突出的成績外，還有鮮明的風格，這其中不僅有過硬的基本功，還有自己的思維風格在內。

陳思坦的太極拳曾經作為一代標杆，眾多的推廣套路以他拍攝的技術動作為規範，至今影響不衰，這就是因為他不僅用技術在練拳，也同時用思想在練拳。所以他的太極拳術價值已經超越了運動員的技術層面。

陳思坦的性格很沉穩、內斂，但他還有著很激情的一面，這是很適合練習太極拳的。其實，太極拳比其他的武術拳種更需要激情，它的激情是以一種平衡的方式來表達的。陳思坦把這種平衡很恰當地運用到了太極拳當中去。

「獨立跨虎」是一個要求平衡性比較高的拳勢，很多運動員喜歡拍這個動作。但有的人做得就比較炫技，過於意氣風發。陳思坦的這幅拳照既體現了紮實的基本功，又顯得從容自在，掌、鉤的手型，鉤腳、曲膝等細節動作處理得生動而不亂。兩臂、雙腿的弧形構成立體運轉的圓。整個動作開展、緊湊。

陳思坦退役後，在美國大力傳播太極拳，將太極拳作

為現代社會需求的一種價值運動來進行推廣，他認為，練習太極拳時要求心靜體鬆，以意識引導動作，使大腦和神經中樞得到積極的休息。運動後，人們感到精力充沛，工作效率提高，心理承受力增強。所以有人稱太極是思想的運動，精神的體操。

太極拳的動作處處帶有弧形，轉換靈活、不滯不澀，可稱之為「圓的運動」。練習太極拳時，要求動作柔和緩慢、連貫均勻、圓活自然、協調完整，應體現其處處有陰陽、時時變虛實的特點。在身體運行過程中，要求勢斷勁不斷、勁斷意不斷、意斷神可接。

另外，練拳時要求呼吸深沉自然，動作輕鬆柔緩，形神合一，雖動猶靜，因而促進氣血調和而無心跳氣急之弊，非常符合人體的生理狀態，適合青少年、中老年等各種年齡層次的人鍛鍊。

【陳思坦小傳】

陳思坦（1967—　　），福建福州人。著名太極拳冠軍。1977年開始在福建省體工大隊任運動員、教練。1994—1997年就讀於上海體院函授運動系。曾榮獲兩次世界武術錦標賽男子太極拳冠軍，第11屆亞運會太極拳冠軍，第8屆全運會男子太極拳冠軍，共獲國內外大賽太極拳、太極劍金牌30多枚。他的動作舒展渾厚，嚴謹飽滿，被海內外譽為「太極王子」。

1995年當選為「中華武林百傑」。1989年參加拍攝國際教材規定套路《四十二式太極拳》錄相的示範演練。先後攝製出版了《太極拳大系》《中華太極譜》《四十二

式、三十二式太極劍》《楊式太極拳》《八十八式太極拳》等太極拳教學片及《精練24式太極拳》武術著作，深受大眾的喜歡。

2002年應中央電視臺《聞雞起舞》欄目邀請拍攝段位太極拳等套路教學片。曾多次隨中國武術隊出訪、比賽、交流講學，到過日本、新加坡、韓國、菲律賓、馬來西亞、義大利、波蘭、羅馬尼亞、瑞士、香港、澳門等幾十個國家和地區傳播太極拳。任福建省武術協會常務理事。第十屆全國政協委員。後移居美國，積極開展太極拳傳播活動。

伏虎　王海洲演示

擒龍伏虎　氣韻高古
——王海洲太極拳勢悟解

　　王海洲的拳講究的是氣勢，環環相扣，氣勢中有高古之風，自然就有了氣韻。

　　趙堡太極拳本身就有古色古香的味道，練得不好，如琴童戲弦，曲雅律不精，練好了，如鶴鳴九天，響遏行雲。

　　王海洲先生演示的此幅拳照為趙堡太極「伏虎」勢，右手為拳，左手為掌，拳掌相對，撐壓互動，意氣流轉，龍神虎威。

　　王海洲十分注重拳的用意，他認為，趙堡太極拳的用意，是由無到有，由淡到濃，熟練後，漸漸做到意已完全自然而至，這時候，意與身體的自覺反映融為一體，是一種隨心所欲應物自然的高境界。我們可以依照此觀點對照感受王海洲的這幅拳勢。

【王海洲小傳】

　　王海洲（1945年2月—　），趙堡太極拳名家。河南溫縣趙堡鄉趙堡村人。受業於張鴻道，學練趙堡太極拳，在身體健康上獲益良多。數十年習練不斷，較全面掌握了趙堡太極拳術及器械技術。

1984年，任溫縣武術協會常務理事、趙堡太極拳總會副會長兼總敎練。曾任趙堡村武委會主任。在全國各地積極推廣趙堡太極拳，具有廣泛影響。

　　著有《秘傳趙堡太極拳》《趙堡太極拳械合編》《杜元化太極正宗考析》等專著。受聘為河北省邯鄲市武術研究會顧問，武當山武當拳法研究會顧問，中國永年國際太極拳聯誼會理事、名譽理事長，中國永年太極拳學院總敎練等。

白玉璽太極拳勢

高謝風塵　龍翔九天

——白玉璽太極拳勢悟解

　　白玉璽先生為北京太極拳名宿，曾多年在國外推廣太極拳，晚年回北京定居，繼續傳播太極功夫。

　　白玉璽曾跟隨高瑞周、徐致一兩位名家習拳。這兩位都是很有特點的拳家。高瑞周在上世紀40年代曾創辦匯通武術社，擔任社長，匯通培養了很多的武術名家。徐致一先生是個文化人，在吳式太極拳推廣中發揮了很重要作用，但直接傳承的弟子比較少，白玉璽是重要的一位。白玉璽隨高瑞周學李式太極，隨徐致一學吳式太極，這兩種太極功夫在白玉璽身上得到了有機的融合。

　　看白玉璽先生練太極拳有一種很強的立體感，他所演示的李式太極拳春夏秋冬四段，變化豐富，雅致不俗。吳式太極又呈現出細膩與綿延。

　　此拳照是於2008年，在昔日匯通武術社舊址匯通祠什剎海西海北岸湖邊拍攝，為李式太極拳勢。李式太極拳又稱「太極五星錘」，是近代著名武術家李瑞東和好友王蘭亭等集多種門派的武術精華創編的。

　　李式太極源於楊式，又糅合了一些八卦、太極的功夫，古樸雄渾，剛柔相濟。白玉璽演練的李式太極，以意導氣，連貫靈活。此拳勢展現了他以功行拳，運功周轉的

練習方法。架式開展，氣場強大。恣肆汪洋，縱橫不羈，有飛龍在天的氣派。

拳照中核心視點在雙手，但勁力傳導以腰為軸、臂隨身轉、以身帶手的結構清晰流暢。守住中點，輻射八方。此拳照可作為傳統拳論「立如秤準，活似車輪」的生動注解。

【白玉璽小傳】

白玉璽（1933—　　），著名武術家、北京市武協李式太極拳研究會名譽會長、北京崇文匯通武術社社長。上世紀40年代開始跟隨高瑞周在匯通武術社習武，掌握了多種傳統武術功夫，並在匯通武術研究社協助高瑞周教學。1953年參加華北地區武術運動會，表演的李式太極拳獲優秀獎。1960年拜徐致一為師習練吳式太極拳，深得其精髓。成為全面繼承徐致一太極功夫的衣缽傳人。

多年在菲律賓擔任「世紀武術館」總教練，在國內外積極推廣李式太極拳、吳式太極拳，廣收門徒。2007年創建北京崇文匯通武術社。

崔文娟太極劍勢

娟秀靈動　武極乃文

——崔文娟太極劍勢悟解

　　崔文娟是 21 世紀以來，最近 10 年中獲得太極拳、劍冠軍最多的女子太極拳運動員。她幾乎囊括了這些年所有重大國內外比賽女子太極拳的金牌。

　　崔文娟開始習練長拳，後因為訓練受傷，無法承擔長拳的爆發力和速度，改練太極拳。此次變化因禍得福，激發了她潛在的太極天分，生性恬靜的她找到了更適合自己的表現方式。進入廣東武術隊，在王二平指導下，她很快進入太極拳競技的高層境界，形成自己的風格。

　　拳如其名，崔文娟的太極拳劍娟秀飄逸，並且洋溢著靈幻的韻味。將長拳的基本功有機運用到太極拳的套路中，在造型與變化上，顯示出過人的領悟力和表現力。

　　2008 年北京奧運會上，武術作為特設金牌項目進行比賽，國際奧會主席羅格等親自到武術賽場頒獎。崔文娟作為國家武術隊隊員參加了這次比賽，並獲得太極拳冠軍。此太極劍照即為比賽結束後在國家奧林匹克體育中心拍攝。

【崔文娟小傳】

　　崔文娟（1987—　　），女，世界太極拳冠軍。河北滄

州滄縣人。9歲開始跟隨滄州市體校女子武術隊教練時中秀練習武術。連續多年蟬聯河北省錦標賽、省運會長拳冠軍。1998年10月進入廣東省體工大隊，在劉振嶺指導下，訓練長拳和槍劍全能比賽項目，多次在廣東省及全國各類大賽中取得突出成績。

　　2002年因傷改練太極拳，師從王二平。2004年全國套路錦標賽奪得太極劍冠軍，同年在全國套路冠軍賽中獲得太極拳冠軍。

　　2005年10月，在南京獲得第10屆全運會的太極拳、太極劍全能冠軍。同年代表國家隊在澳門舉行的東亞運動會上，奪得女子太極拳金牌。

　　2006年6月，再次蟬聯全國錦標賽女子太極拳冠軍。2007年11月，在「好運北京」第9屆世界武術錦標賽上獲得女子太極劍冠軍。2008年8月，獲北京奧運武術比賽太極拳冠軍。

馬虹太極拳勢

奔騰纏繞　靜運無方
——馬虹太極拳勢悟解

　　社會上對太極拳的理解有很多的誤區，其中之一就是「太極拳適合老年人鍛鍊」，這一說法正在透過大量的社會實踐逐步消除。與之連帶的還有一種誤解說法，就是「陳式太極拳適合年輕人練，楊式太極拳適合老年人練」。這種說法只是從形式上來看待太極拳，沒有深入認識拳的本質。

　　覺得陳式太極拳只適合年輕人練，無非是覺得陳式太極有諸多發勁、跳躍性動作，年紀大了就做不了。陳式太極的發勁、跳躍動作目的在於鍛鍊勁力的完整性和身體的敏捷性，鼓蕩神氣，即使是年輕人，也不能隨意亂蹦、亂跳、亂發勁，否則容易傷身。如果練功方法正確，則老而彌堅。有些陳式太極名家，到了古稀之年，依然身體輕健，神完氣足，精神抖擻，如金一鳴、馮志強等，馬虹也是這樣一位突出典型。

　　馬虹是一位非常認真的人。我和他第一次見面是在北京通縣。他當時在通縣舉辦講習班。我和他討論了很多太極拳的問題，他不回避任何話題，都暢所欲言。在給他拍攝拳照動作時，他每個動作都認真到位，一絲不苟。其時，他已年屆八旬，仍以很低架式演示拳法，顯示出充沛

的體能。他說，這就是修煉太極的效果。馬虹年輕時因病而練太極，因此在太極拳健康方面深入鑽研，在這方面的體悟、成果也尤為突出。

馬虹還是一位功技理法並修的拳家。他自稱一介文弱書生，正是由於具有較高的文化修養，加之勤奮求學，學易理、學中醫、學習各家拳派的精華要領，使得他在太極拳理法上有了許多獨特的體悟，並撰寫了大量有關文章，出版了許多相關圖書。如他這般在傳統太極拳理論基礎上有著如此眾多的來源於實踐的自身見解，形成了系統，還不多見。

馬虹的拳架，強調一種氣度，中正軒昂，他說，練太極拳的人，首先應該有一個持正、守中、穩定、鬆靜、從容不迫，而且英勇無畏的心態。一身浩然正氣。正如陳鑫講的「我守我疆，不卑不亢」「人不犯我，我不犯人」「彼不動己不動」，遇事不慌，神態自若的一種大將風度。在具體練法上，他始終堅持陳照奎傳授的「拳走低架、上身中正、勁走螺旋、丹田帶動」幾個核心要領，要求對每個動作的運勁方式方法都要明瞭，如此練習方能內外合一，起到很好的健身、技擊功效。看馬虹演拳，有一種奔騰四射的朝氣。

【馬虹小傳】

馬虹（1927—　　），陳式太極拳名家。河北深州人。原名郭毓堃。1948年畢業於華北聯大中文系，長期從事教育、寫作和編輯工作。因身體病弱，於1961年開始學習太極拳。後體質改善，對太極拳傾心研習，執著勤奮。

1972年拜師陳照奎學習，刻苦用功。70年代曾三次赴北京、兩次去河南跟隨陳照奎學藝，並分別於1977年、1979年、1980年三次將老師請至河北石家莊家中居住傳藝，系統學習了陳式太極拳的套路、推手、拆手、氣功樁、大杆、太極尺等功夫，盡得陳照奎拳理、拳法真髓。

　　理論和實踐並重，在全國各種學術性會議和刊物上發表多篇論文，如《陳式太極拳的健身性、技擊性和藝術性》《中國傳統文化與太極拳》《太極拳的修煉工程》《鬆活彈抖論》等，獲得好評。先後在河北、江西、天津、廣東、廣西、山東、湖南、江蘇、浙江、雲南、吉林等地及海外多個國家和地區傳授陳式太極拳。

　　1982年宣導成立了石家莊「陳式太極拳研究會」，在石家莊建立了多個陳式太極拳輔導站，創辦了《陳式太極拳研究》刊物。出版有《陳式太極拳拳法拳理》《陳式太極拳體用全書》《陳式太極拳技擊法》《陳式太極拳拳理闡微》等著作。為河北省石家莊市武術協會副主席，石家莊市陳式太極拳研究會理事長。1994年被河南溫縣國際太極拳年會評為「全國當代十三名太極拳大師」之一。1988年離休後，專心從事太極拳推廣研究工作。為當代具有影響力的太極拳家。

　　〔註〕馬虹大師不幸於2013年12月22日辭世。

楊麗太極扇

漫卷雲舒武翩躚
──楊麗太極扇悟解

　　傳統太極拳器械中比較著名的有太極劍、太極刀等，但在當代興起的發展最快的是太極扇。由於它以扇子這種日常生活用具為器械，結合太極練習方法，動作熟悉親切，式子優美，再配上音樂，深受群眾歡迎。

　　當代太極扇套路種類很多，各流派的太極拳名家不少都編創有扇的套路。如李德印先生編創的「太極功夫扇」、崔仲三先生編創的「奧運太極扇」、宗光耀先生創編的「蓮花太極扇」等，都有廣泛的練習者。

　　北京體育大學楊麗老師編創的太極扇套路也是非常引人注目的一種，她以楊式太極拳為技術依據，較完整地保持了楊式太極拳固有的風格，但又不拘泥於原始行功走架的形式，透過對技術動作和勁力的改進和創新，使扇法更加嚴謹，技術特點更加突出。具有動作緊湊，節序清晰，中正雅致，舒展大方的特點。

　　楊麗的演練動作速度舒緩適中，勁力勢勢貫勁，勁力內含，架式優美灑脫，每勢起承轉合，連綿流暢。

【楊麗小傳】

　　楊麗（1956—　　），女，太極拳專家，北京體育大學

武術教師。1971年進入北京體育學院學習、訓練，1973年考入北京體育學院運動系，1976年留校任教。擅長太極拳、劍術等，多次參加全國武術比賽，取得優異成績。1975年曾入選中國武術隊出訪多個國家。

擔任北京體育大學武術代表隊教練，帶隊取得突出成績，獲全國武術女子團體冠軍、全國體育院校武術比賽男、女團體冠軍及多個單項冠軍。先後數次赴義大利等國任教和擔任訪問學者。

熱心太極拳的社會化推廣工作，積極支援群眾性太極拳活動的開展，擔任輔導、教學等工作。為國家級武術裁判。創編有楊式太極拳扇，出版有相關著作。

彎弓射虎　李天驥演示

幽閒之神　大雅風規

──李天驥「彎弓射虎」悟解

　　李天驥先生是當代太極拳發展史上一位標誌性人物。

　　他的一個歷史性貢獻就是積極推動、參與、推廣24式簡化太極拳。這個套路可以說是當今練習人數最多的太極拳套路，更是各種大型文體活動太極拳集體演練的首選套路。由於他在簡化太極拳工作上的突出成就，很多人反倒忽略了他在傳統武術上的深厚造詣。其實，李天驥先生首先是一位傑出的傳統武術家。

　　李天驥的父親李玉琳是大名鼎鼎的武術家，曾從師於孫祿堂等人，是將太極拳傳入東北的第一人。

　　李天驥自幼跟隨父親習武，還受到過孫祿堂、張兆東、李景林等人的指導，打下了紮實的傳統武術根基。1931年從山東省國術館畢業後，一直開展傳統武術教學、訓練工作，1955年調國家體委從事武術事業，在集體研究、討論基礎上，執筆編寫了《簡化太極拳》。他不僅在太極拳方面，在武當武術等方面都有深厚功底。

　　李天驥曾拍攝眾多的簡化太極拳示範照片和錄影。人們看到的也多是他示範簡化太極拳動作的拳照。他的這些拳照依然顯示出了堅實的傳統太極拳功底。

　　其實簡化太極拳就是傳統太極拳的簡化，在練法和形

態上保持著傳統太極拳的本性沒有改變，動作數量簡化，但練習要領不能「減化」。

李天驥的太極拳勢，簡潔明快，不拖泥帶水，動作到位而不過火，深得中和之道，神態安詳。如拳論所說：「一片幽閒之神，盡是大雅風規。」

李天驥先生的這幅拳照，為「彎弓射虎」勢，在國家體委編定的「48式太極拳」「88式太極拳」中都有此動作。左拳向前打出，高與鼻平，右拳屈肘收於右額前，拳心向外。李天驥演練的此勢，體現出了太極拳「蓄勢如張弓」的狀態。

【李天驥小傳】

李天驥（1914年12月—1996年1月），傑出太極拳家。河北安新縣人白洋澱圈頭村人。號龍飛。秉承家傳，自幼從父親李玉琳習武。先習少林拳、彈腿，後習太極、形意、八卦、武當劍術等拳械，並先後得到過李存義、張兆東、孫祿堂、程有功等武術家的指點，全面研修內家拳術。武當劍法學於李景林，摔跤學於中國一代跤王楊法武。

1931年畢業於山東省國術館。畢業後分別在山東、哈爾濱、天津、瀋陽等地講授太極拳。1932—1938年任山東國術館教師、陵縣國術館館長。1938—1949年協助其父創辦哈爾濱市太極拳研究社。1950—1953年任哈爾濱市國術聯合會主任。1953年任哈爾濱市武術總教練和全國民族形式體育表演及競賽大會裁判。1954年任全國競技指導科武術班（即中國武術隊）第一任總教練。1955年調國家體委

從事武術研究、組織工作至退休。

在國家體委工作期間，大力推進武術的發展，尤其對太極拳的推廣與普及起到重要作用。參加了多種太極拳套路、書籍的編排、撰寫工作。如「簡化太極拳」「簡化太極劍」「88式太極拳」「太極推手」等。

1964年當選為中國武術協會副秘書長，1979年獲國家級武術裁判稱號，1980年當選為中國體育科學學會理事，1985年被授予新中國體育開拓者榮譽獎，1988年在中國國際武術節上獲武術貢獻獎，1995年在中國武術協會「中華武林百傑」活動中評為「十大武術名師」。多次應邀出國輔導講學，20世紀80年代多次出訪日本、新加坡進行太極拳培訓活動。

在其漫長武術生涯中，培養了大批學員，學生遍及世界各地。是海內外知名的太極拳教育家。為新中國太極拳的普及發展做出了重要貢獻。

主要著作有《形意拳》《武當絕技》《武當劍術》《中華武術瑰寶》《太極拳真髓》等。

馮志強太極拳勢

心意由中　混元乾坤

——馮志強太極拳勢悟解

馮志強先生是一位真正懂拳的人，如今拳家多如牛毛，當得起「懂拳」二字者不多。

我與馮志強先生自20世紀80年代開始交往，多次聆聽他談拳論道，聽他說得最多的就是練拳要練內功，他說：「拳不離功，離功就走。」就是會丟掉拳的內核。

他是一位真正的，在理論和實踐中都極為重視太極內功的拳家。正因為如此，在以前許多次的國際性養生學術大會上，我都推薦他作為導師與會輔導，因為他能帶給大家真正需要的東西。

他對內功有自己的理解，他認為，太極拳運動主要由三個組成部分：太極內功、太極拳架和太極推手。三者結合練習才是拳功一體、體用兼備的完整練法。

拳以功為本、功以拳為用，用以拳功為根，相輔相成，缺一不可。如果只練拳架不練內功，沒有先天混元氣這一物質基礎，太極拳的意氣運動就是一句空話，太極拳的剛柔內勁就無法形成。如果只練拳架不練推手，就不能體驗太極陰陽易變之理，無法理解太極十三式的真正內涵，無法驗證自己拳架正確與否，失去了武術本義，太極拳也就成了太極操。

太極拳練什麼，如何練習內功？馮志強老師說，培養丹田混元氣，是練太極拳之根本。練太極拳全憑丹田之氣發動肢體運動。沒有充足的內氣，武術的威力也就發揮不出來，不練好先天之氣，單憑後天之氣和原始體力是不可能真正練好太極拳的。

　　練太極拳的首要任務就是要煉歸於臍內丹田、藏於兩腎命門的先天混元氣。臍、腎、命門位於人體腰部之中，所以又有太極腰之說，這就是我們練太極的根本所在。先天混元氣煉好了，從練功角度講就能煉精化氣，煉氣化神，煉神還虛，化後天之物，轉陰成陽，逆而運之，返本還元，複合太極混元之體。

　　從養生角度講，人體生命活動就能氣化正常，循環有序，協調平衡，衛護表裡，內強外壯，身心健康，益壽延年。從練拳角度講，就能以意行氣，氣隨意行，氣運全身，周流不息，推動肢體筋骨整體的內外統一運動。從技擊角度講，就能化氣血之力為動靜、虛實、剛柔內勁，人不知我，我獨知人，引進落空，四兩撥千斤。

　　拳諺說：煉好丹田混元氣，走遍天下都不怕，不是別有方，只是中氣足。

　　將太極拳冠之以「心意混元」是馮先生對太極拳高境界的體悟，也是他一生對太極拳的總結。是他從陳發科、胡耀貞二位老師處學到本領後，經過自己幾十年的研練的自然結晶。

　　看馮先生拳照，「三氣」俱備：氣勢宏大，氣定神閑，混元一氣。其拳法隨心而發，無形無象，不拘一格，渾然天成。

【馮志強小傳】

馮志強（1928— 2012 年），太極拳名家。河北束鹿人。幼年開始習武，先後學練了少林樁功、達摩易筋經、形意拳、通臂拳等。20歲時隨在北京的陳發科學習陳式太極拳，成為北京地區陳式太極拳具有代表性的人物，並在國際上享有盛譽。

多次應邀出國講學，獲廣泛讚譽。注重內功研究，在陳式太極拳內功基礎上，系統整理了「太極混元功」，並創「陳式心意混元太極拳」。弟子遍佈海內外，是當代具有重要影響的傑出武術家。其演練的太極拳架氣勢磅礴，剛柔並濟，於隨意揮灑中蘊含玄機。勤於著述，出版了《陳式太極拳精選》《陳式太極拳入門》等書。為北京市武術協會副主席、北京市陳式太極拳研究會會長。女馮秀芳、馮秀茜等繼承家學，皆擅太極拳。

馬偉煥太極刀勢

俯仰八表　守之自固

——馬偉煥太極刀勢悟解

　　在楊澄甫的眾多弟子中，楊守中無疑是十分重要和特殊的一個。他的特殊性在於他是楊澄甫的長子，他的重要性在於，楊澄甫生前他長時間跟隨學拳、練功、輔助教拳。但由於楊守中20世紀40年代去了香港，他後來在內地幾乎沒有傳人，中國大陸太極拳愛好者對其瞭解比較少。近年來，各地太極拳交流活動比較多，我們透過他的學生弟子來瞭解研究楊守中是一個重要途徑。馬偉煥就是與內地太極拳界交流比較多的楊守中的一位重要弟子。

　　在楊守中傳承的太極拳體系中，太極刀是很重要的一項內容。也是馬偉煥先生重點研練的功夫之一，在太極刀的理法上有過深入的研究。他認為，太極刀是一種刀法，是由河北省廣平府楊露禪得自陳長興所傳的武術體系中的短兵器技法。該種刀法，理與太極拳共通，故稱太極刀法。太極刀的型制是源自西漢時期已廣泛使用之環首刀。

　　所謂「環首刀」，其特徵不僅是刀首有環，更重要的是刀之型制。刀身狹長，較一般佩刀超長逾尺，是由長鐵劍演進而來，刀背厚薄、重量均稱手，刀身略俱弧彎，刀莖（柄）長三握，可雙手揮砍，若單手使用，柄長可減半而下彎，刀身前端三寸，兩側施似劍鋒。在古戰場中，砍

殺劈刺，堪稱威猛，又可裹身黏格，藏刀滾進，故初曾以單長鋒劍名之。

楊露禪當年在薊縣德勝鏢局即攜此刀行走，護鏢於河北、山東一帶，祖孫四代俱以此刀法傳家。歷史上，格於朝庭禁例，此刀法並不廣傳，僅在入室弟子內進行傳承。限於法規，通常代用以木刀或戲臺刀具演練，故難得一睹其真貌，而得其真傳者亦稀。

傳統楊式太極刀法的練習套路，原只有刀訣十三句，每一句為一個練習式子，分別為：

七星跨虎交刀勢	騰挪閃展意氣揚
左顧右盼兩分張	白鶴展翅五行掌
風捲荷花葉內藏	玉女穿梭八方勢
三星開合自主張	二起腳來打虎勢
披身斜掛鴛鴦腳	順水推舟鞭作篙
下勢三合自由招	左右分水龍門跳
卞和攜石鳳還巢	

楊澄甫各傳人記錄的名式、數目、名稱略有差別，但大體相同。刀法上以意行氣為主，表象為勢，所以要慢練才能身知心悟，剛柔相濟。吳肇鐘《劍則》云：「刀持若握，握以實應；劍持若執，執以轉易，故刀劍之不同，有如涇渭。」

馬偉煥先生對太極刀的練法精義做了詳細闡述：「太極刀之勢法，其勢沉雄，似猛虎，以迫撲縱橫也；其輕靈徐疾，俯仰八表，輾轉蜿蜒也，不以花法眩目。刀法之緊密者，緊則不懈，密則不疏，以急奪遲也。故其不懈則奮進，不疏則嚴謹，守之自固。太極刀之眼法　不在雙目貫

注，望刀看掌，或看刀望掌，均易疏漏，而以關顧為至
要。太極刀之招法是勢勢相承，有纏腰轉進，而不作纏頭
裹腦，有閃砍斜刺，而不作力劈華山。太極刀的步法走步
隨意，趨步不迫，退步不急，與身法手法，做到周身一
家，意連氣貫，則近乎道矣。」

他強調，上述數則都是須要悟通刀法後，採用相應型
制之刀，互相配合，才能演練出太極刀的神采。

【馬偉煥小傳】

馬偉煥（1937—　　），楊式太極拳名家。從師於楊式
太極拳第四代名師楊振銘，系統學習了楊式太極拳拳械功
夫。廣東省武術文化研究會顧問，香港楊氏太極拳學會創
會會長，50年代末期，就讀於上海同濟大學，開始學習太
極拳，1962年移居香港，長期在香港推廣太極拳，在香港
多處設立太極拳輔導站。於20世紀70年代宣導成立「香
港太極拳學會」，任名譽會長，1975年受聘為香港康體處
太極拳導師，同年任第一屆師資訓練班導師，培養楊式太
極拳師資人才。經常組織香港太極拳代表團參加內地的各
種太極活動。其行拳舒展柔和，靈巧身活，神氣貫通。太
極刀劍純熟，並精於太極長拳。

2004年主持組織了「2004國際楊式太極拳邀請賽」，
2010年12月組織舉辦了「紀念楊守中誕辰一百周年活
動」，為繼承發展楊守中傳太極拳發揮了重要作用。為香
港太極拳界的代表人物之一。傾心於太極拳文化研究，於
太極拳史、傳統太極理法尤有精深造詣。

李雅軒太極劍勢

天外飛仙　光若彷彿

——李雅軒太極劍勢悟解

看李雅軒的拳照，有一種心曠神怡的感覺。無論拳、劍、刀、杆，盡皆精妙。且其拳論與實踐高度統一，說到做到。

此一太極劍勢，凌虛御風，勁力順達，氣透劍尖。後手劍指清晰，威儀不張。目光悠遠，有收有放。狀若飛仙，神意徜徉。人們彷彿看到閃爍在劍尖上的光芒引領生命的激情，穿越時空，激揚文明。

戰國時期武學名篇「越女論劍」，可作本拳照的解說：「其道甚微而易，其意甚幽而深。道有門戶，亦有陰陽。開門閉戶，陰衰陽興。內實精神，外示安儀，見之似好婦，奪之似懼虎，布形候氣，與神俱往，杳之若日，偏如騰兔，追形逐影，光若彷彿，呼吸往來，不及法禁，縱橫逆順，直複不聞。斯道者，一人當百，百人當萬。」

李雅軒留下來眾多的太極拳筆記和拳論，閃爍著獨特的拳學智慧之光。這裡節錄其中部分精彩內容，供大家結合拳照研習揣摩，雖言拳，然拳械一理：

練太極拳，心裡要平靜舒適泰然，把氣息調得舒舒服服地去練，不要滿身帶勁，滿臉的神氣，只是身心放鬆、放穩、放靜就行了。如是滿身帶勁，滿臉的神氣，這是練

外功拳的形態。練太極拳的人，看來只是平淡無奇，就是對的，如是滿臉神氣，滿身勁頭，這就錯了。

功夫有了基礎之後，應在藏神養氣上用功，不宜專在肉體上苦求。

有人練太極拳如其他門拳一樣，弄些著法，想些用法，這是大錯特錯的。因為練太極拳的，胸中是渾然一氣的，是無所為的，是泰然的，不能專想某一手一勢的作用。如一想每手每勢的作用，那就用意不均勻了，那拳意也就始終不會上手了。

在初練功時，一定要按規矩，每練必須頂起頭來，拔起背來，塌下肩去，垂下肘去，周身佈滿意思，五指貫上意思，氣勢充滿布勻，日子久了，就可打下基礎。第二步的練法，是注意周身關節的放鬆放軟，無論是腰膝或肩肘，甚至指節、腕節。脊骨的每一節部，都要以思想之力慢慢地將其鬆開了來，這步功夫不易做到，但如日子久了，以思想力慢慢灌輸，是絕對可以做到的。

每練功務要以腰脊為軸，帶領著四肢而動，如感覺兩臂、兩手鬆軟軟、沉甸甸的，才是練對了。在這個時候，兩腳兩腿是很柔彈的，很紮實地踏在地面上，這樣子才對。

在練時要隨時體會腰脊上的源動力，它是如何以勁帶動、挑動兩臂兩手動轉。是柔勁，還要有彈力。

練功夫第一要緊是提起虛靈的神氣來，一身的神氣要充滿，但又要收藏在內心不使外露鋒芒，又要以靈機灌注，不能呆板，神氣極穩，渾身是意，這才是好的練法。

一定要在大鬆大軟上，兩臂如在掉下來一樣沉甸甸、

重砣砣地一手一勢去練，否則就練不出好的身勢來。

在練時，氣宜鼓蕩，神宜內斂，舒舒暢暢地去用功，如長江大河之水滔滔不絕之勢，如不如此，練不出好身法來。

最上乘的練法，是練神、練意、練氣、練虛無，不能死死地練筋骨肌肉為主也。

無論練拳或推手，總要以腳下鬆沉、穩固、踏實為第一，否則一切全談不到。千要緊，萬要緊，是身勢鬆軟，腳下有根為最要緊。

太極拳也要有些基本的力量，但這種力量是柔的力量，而不是僵的硬力。有了基本上的力量，再有柔軟，再有鬆沉，再有靈巧，再有輕妙，這才夠完全，如是腳下浮漂的，那就練不出實用的功夫來。

有了基本上的力量，然後注意練靈感，一步一步地把靈感充實起來，然後在推手時才能做到蠅蟲不落、寸草不粘的地步。

練柔是初步的功夫，然這種初步功夫的練法很要緊。因為柔是練筋骨上的力量的，這是根本東西，有了這種東西，然後才能練大鬆大軟，以達到輕靈虛無等上層功夫。

再深進一步的練法，是找緊要，不宜在大伸大展找，因為緊湊才能含蓄，才有收藏，才長內勁。鬆是緊湊的鬆，不是以放大、放長、放伸、放遠叫鬆。

每練功一定要把勁沉在丹田，如能丹田沉下勁去，人的氣度一切就要改變，如沉不下去，那一切的神態氣度都是浮的，所以練功須練到氣沉丹田這一步。

無論如何，練拳的功夫是在鬆軟沉重、舒適大方上以

心行氣、以氣運身，勢如長江大河滔滔不絕的練法上下工夫才行。

練功夫必須刻刻留意在腰隙，也要刻刻留心是在用意不用力，如到了最上乘的功夫，是要純以神行。

在練功時，全身各部如鬆得均勻舒適了，便會感到掌心指肚之間發泡發脹，泡鬆鬆、脹鼓鼓的感覺，靈覺無比，清醒無比。如此天天用功，把這種靈感清醒充實起來，以後在推手打手之中，這種靈感就會發揮極好極妙的作用。

練太極拳其最重要的，是要穩靜在靜極默篤之後，才能體會到很多道理，如粗心浮氣，多動妄動，那就錯了。怎樣才能做到靜？一要身樁中正，二要呼吸舒適，三要心性放穩，四要一身鬆淨、鬆勻。如能長久持此思想，就能一點一點地做到真的穩靜了。

太極拳是內功，什麼是內？筋骨肌肉統統是外，人的性靈才是內，人穩靜著練拳，就是為了培養這個性能，如忙練、快練多動妄動是不能培養人的性靈的。人的性靈培養好了，就一切修身致用皆有之。

練拳要空空地摸。空空地摸，才容易捉著拳意，萬不可在手法上去找。蓋太極拳是個虛無的、是靈通的、是個玄妙的，須空空地去找，不可以手法去找也。其妙處全在虛無，如用實質手法去找，必致愈找離太極拳愈遠也。有形的功夫不是高手，無形無蹤的功夫才是上乘。

虛靈頂勁往上擔，鬆沉穩固座下盤，腳下沉穩，是以氣沉於丹田，注力於兩腳兩腿，達於地下，如地下有電吸著於兩腳兩腿，使腳、腿、地三者成為一個整體也。就在

練拳的時候，頭腦裡思想中也要常想著這個問題，使頭腦神意虛靈上頂於空中，與空中電子分子合為一體，使腳腿注於下層，透於地宮，同地球黏成一體，如這樣子才能叫整個的一身體在宇宙之間。

總之，是氣意要往下沉，神意要往上頂，一身完整，這才是練太極拳的味道。又須有含藏，有收斂，不能用明勁，不能太敞太放散，此太極拳之所以很難也。

如真的沉下心氣練功夫，其身勢就特殊的莊嚴偉大，其五官面目就顯見一種非常莊嚴的氣派，正大的神氣，有令人感到神聖不可侵犯之威勢，此所以自古以來，練武的人士多有忠直俠義之風也。

每練功，一手一勢要做到好處，要做到優美，這樣子就進步快，如偷工減料的練法，是自欺欺人也。如能練到優美，別人看見也感覺一身舒適，精神愉快可愛。

摟膝拗步　林墨根演示

得心應手　有意無形
──林墨根太極拳勢悟解

　　林墨根為四川太極名家，師從著名武術家李雅軒先生。其推手功夫在全國負有盛名，原四川武術館館長劉太福介紹說：「林墨根老人一生別無嗜好，就愛推手。他積累了一套關於太極拳推手入門、練習、提高的訓練方法。雖然八十多了，可是仍然愛和人推手。林老師可以說是我們四川的一個品牌。」

　　對太極拳推手，林墨根有著獨到的見解和深入的研究。他總結自己幾十年的練拳經驗時說：「練拳首先要練到，練到後要悟到，悟到後要得到，得到後要用到，用到後要脫掉──把方法脫掉。這樣才能達到脫規矩而又守規矩，不想規矩而自然合乎規矩的境界。」

　　對太極拳推手的技巧和方法，他認為：「太極推手要出手無形，不能拖泥帶水；要乾淨俐落，脫得開，放得遠。在推手較技時，遇到對方手重不要怕，手輕要注意；對方有勁不要怕，沒有勁要注意。」

　　他在談到太極拳的發放時說道：「太極功夫技術高者，是有意而無形，能在剎那間將人發出丈餘之外，而對手和旁觀者卻莫名其妙。實際上，這一剎包含兩個不同的階段，即引化階段和發放階段，吸則引化而成，呼則發放

而去。其中最關鍵的，難於掌握的，不易得到的，就是引化功夫。如果無接勁，多方位的順勢引化，就不能達到上乘的發放功效。成功的發放是取決於剎那間的引化過程，我們引化時要做到沾黏連隨，輕輕走化，要使對方不易察覺的微小之力，牽動其根失去重心，循其來力原方向，順勢整勁而發，則對手無不應手，兩腳離地騰空拋出，這樣就能達到牽動四兩撥千斤的最佳效果。」

林墨根強調：「技擊是太極拳的精華，亦是重要內容，但不是最終目的。最終目的是練拳者的身心健康。無論是技擊還是健康，都要練好拳架功夫，從基礎入手，才能得心應手。」

【林墨根小傳】

林墨根（1920年2月—2010年2月），楊式太極拳名家。四川省資中縣鐵佛場人。30年代從伍志成習四川南拳，上世紀50年代從李雅軒習楊式太極拳。擅長太極內功和太極推手。60年代起長期應邀在四川省內各地、大專院校及外省、市教拳授藝，學生、弟子遍佈美國、日本、俄羅斯、英國、法國、澳洲、德國、加拿大等國家以及港澳臺等地。

1977年參與成都市武協工作，1983年被評為全國及四川省武術優秀輔導員。1987年任四川省業餘武術教練培訓班教練，多次任省武術集訓隊太極拳推手教練，同年參加首屆武術研討會，其科研成果「太極內功十二類功法」被收入《四川武術大全》。發表《太極修煉與武德》《太極拳釋義》《上善若水，守常抱一，身得則萬物備》等一系

列論文和著作。

2001年參與國家武術運動管理中心「太極推手競賽規則的改革」項目。為四川武術協會榮譽委員、四川成都市武術協會委員、四川省武術館太極拳推手總教練、四川太極拳推手研究會會長，中國永年國際太極拳聯誼會、中國太極拳名家聯誼會、武當山國際太極拳聯誼會特邀顧問，四川省僑光東方文化科技研究院名譽院長。

馬海龍太極拳勢

智者爲拳　靜定如道

──馬海龍「太極拳勢」悟解

　　馬海龍先生出生太極世家，他又是一位職業醫生，對於太極拳的認識有著自身獨特的視角和深度。因此人們把他稱為「太極學者」。他在一系列重要太極拳活動中的講課輔導，也體現了這一風範。

　　馬海龍說：「7歲那年，我就開始跟我外祖父吳鑒泉學習太極拳，外祖父過世後，我又跟母親吳英華學拳。那時學拳，不完全是因為自己愛好，更多的是因為我們是太極拳世家，我們必須把太極拳繼承下來。」

　　馬海龍很強調打基礎，最核心的基礎就是拳架，他說：「現代社會很浮躁，人們學太極拳也沒有耐心。有的人重視推手，不重視拳架，這是急功近利的行為。推手很重要，但是拳架更重要，不練習拳架是練不出柔化的勁力來的。小時候，外祖父教我們拳時，開始是不教推手的，要等到有了一定的基礎才學推手。」

　　馬海龍認為學好太極拳要有三個條件：

　　第一是明白原理，要明白什麼是太極。任何事物都要上升到哲學的高度，才能昇華提高。

　　第二是研究歷史，歷史是一面鏡子，我們可以從中得到借鑒。練拳也是這樣，可以從我們過去的學拳歷史中得

到借鑒，還可以向前輩們學習借鑒。我們的每一個動作做得好不好，都要反覆比較，自己去研究。

第三是研究文化，提高文化素質。太極拳是中國文化的精髓，被稱作哲學拳、文化拳，提高了文化才能深入掌握太極拳的真諦，才能透過太極拳的練習體悟自然之道。

他把太極拳的最重要的基礎功夫概括為十要，分別為：

一、「中」。指「伸曲開合之未發謂之中」。在練太極拳時必須使整個身軀保持中直之意。首先要使脊柱保持中正，不能偏倚。另外「五行」保持平衡，無論前進、後退、左顧、右盼均能自由運行，無偏倚的弊病。

二、「正」。每一個姿勢，務必力求端正，最忌偏斜。無論什麼動作，均要使重心穩定，不能前傾後仰。

三、「定」。指「寂然不動」的意思。要求保持神智穩定。定的表現為「心氣清和，精神貫頂」，在練太極拳時，必須精神上保持清靜無為，不受外界影響。

四、「安」。安然之意，切忌牽強。於自然中求動作均勻舒展，無呆滯之感。

五、「靜」。靜是要求精神上高度集中。」「靜」是中國古代哲學思想上必修的境界，而且是高級的境界，無論做什麼學問都必須達到的重要階段。

六、「輕靈」。「輕」相對重而言，這是太極拳相對其他拳術最為主要的特徵。輕也可作「柔」的解釋。

七、「貫串」。是指動作必須連貫，每個動作之間的銜接必須做到「天衣無縫」。其要點就是「慢」。慢的要求很高，是太極拳的另一大特徵。

八、「圓活」。練太極拳時手腳動作都是圓的,走的是弧形,不能直來直去。活為靈活之意。

九、「切」。「切」有雙重意義,其一是認真。要求切切實實地下功夫,萬萬不能草率從事,無論哪個招式,都要做到準確無誤。所謂「專主一方,支撐八面」。其二是要研究。古人說:「如切、如磋、如琢、如磨。」

十、「恒」。恒的要求也有雙重意義。首先是要求「持之以恆」,其次是要求「定量」,根據自己的先天條件,逐步加大強度,但不能急於求成,要逐步加強。

這些要素,不僅是習練吳式太極拳,也是其他各種太極拳所應遵循的重點。

【馬海龍小傳】

馬海龍(1934—),吳式太極拳名家。馬岳梁、吳英華之子。上海鑒泉太極拳社社長。7歲開始跟隨吳鑒泉學習太極拳,吳鑒泉去世後隨母親吳英華繼續深造,數十年練功不輟,注重太極拳理論研究,太極拳架規範嚴謹。20世紀50年代,考入上海第二醫學院,畢業後長期在醫院從事臨床實驗工作。

退休後全力投入鑒泉太極拳社的工作中,在內外推廣太極拳。多次應邀作為吳式太極拳的代表人物出席國內外重大太極拳交流活動,擔任名家輔導、講學工作。出版有《太極本義》等著作。

賈樸太極拳勢

開合陰陽　呼吸天地

——賈樸太極拳勢悟解

　　賈樸是邯鄲武式太極拳的老人，16歲就抄拳譜，一輩子用心用功，謹守傳統太極拳的這片田地。他說，他練的是郝為真傳下來的開合太極拳。郝為真對太極拳貢獻很大，郝氏太極是在武式基礎上進行了一些改革，現在都統一稱為武式太極拳。

　　賈樸先生說，練習太極拳最關鍵的就是開合和呼吸。每個拳勢，每個動作，不管是左右、上下，還是內外運動，都有開合的關竅，都有呼吸的環節。

　　賈樸此幅拳照，展現了在拳架運動中內氣的旋轉狀態。外面的動作要帶動內裡的動，內動又與外動相配合，內外俱動。太極拳的開合就是把握陰陽，呼吸就是人從天地汲取養分。

　　賈樸闡述道，開合中有很多玄機，一個節序，即起、承、開、合的一個週期中，就包含了十三個要領，即提頂、吊襠，裹襠、護肫、鬆肩、沉肘、含胸、拔背、騰挪、閃展，氣沉丹田、分清虛實，尾閭正中。一個起承開合中要很自然、有機地把這十三個要領貫穿其中，因為這些要領都是互相聯繫的。這十三個要領也是武式太極拳最核心的身法要求。

　　郝月如對這十三種身法要領曾經有過詳細的解說。他說：「何謂涵胸？心以上為胸。胸不可挺，要往下鬆，兩肩微向前合，謂之涵胸。能涵胸，才能以心行氣。

　　何謂拔背？兩肩中間脊骨處，似有鼓起之意，兩肩要靈活，不可低頭，謂之拔背。

　　何謂裹襠？兩膝著力，有內合之意，兩腿如一條腿，能分虛實，謂之裹襠。

　　何謂護肫？兩肋微斂，取下收前合之勢，內中感覺鬆快，謂之護肫。

　　何謂提頂？頭頸正直，不低不昂，神貫於頂，提挈全身，謂之提頂。

　　何謂吊襠？兩股用力，臀部前送，小腹有上翻之勢，謂之吊襠。

　　何謂鬆肩？以意將兩肩鬆開，氣向下沉，意中加一靜字，謂之鬆肩。

　　何謂沉肘？以意運氣，行於兩肘，手腕要能靈活，肘尖常有下垂之意，謂之沉肘。

　　何謂騰挪？有動之意而未動，即預動之勢，謂之騰挪。

　　何謂閃展？身、手、腰、腿相順相隨，一氣呵成，向外發出，勁如發箭，迅如雷霆，一往無敵，謂之閃戰。

　　何謂尾閭正中？兩股有力，臀部前收，脊骨根向前托起丹田，謂之尾閭正中。

　　何謂氣沉丹田？能做到尾閭正中、涵胸、護肫、鬆肩、吊襠，就能以意送氣，達於腹部，不使上浮，謂之氣沉丹田。

何謂虛實分清？兩腿虛實必須分清。虛非完全無力，著地實點要有騰挪之勢。騰挪者，即虛腳與胸有相吸相繫之意，否則便成偏沉。實非全然占煞，精神貫於實股，支柱全身，要有上提之意。如虛實不分，便成雙重。」

他的這些解說，成為練武式太極拳應該重點研讀揣摩的典範。

【賈樸小傳】

賈樸（1923—　　），武式太極拳傳人。河北邯鄲人。13歲時從師於永年縣國術館館長韓欽賢學習武式太極拳，後又拜在張振宗門下。深得拳械技要領精華。為永年著名拳家。2003年被選為邯鄲市武術協會名譽主席。

傳有弟子馬建秋、黃建新、溫玉憲、趙曉康、王淑華、殷獻英、張紅旗、李秀華、魏玉梅等，子賈為民、女賈鳳仙亦承傳太極。

崔仲三太極刀勢

雲橫孤山　滄海橫流

──崔仲三太極刀勢悟解

　　崔仲三先生是當今太極拳界的活躍人物，經常應邀參加各類大型太極拳活動，作為名家進行輔導講課，還在電視臺開辦講座傳授太極技藝。更主要的是，他以活躍、開放的新思維進行太極拳的研究、教學，長期的專業體育工作經驗，使他對太極拳的運動規律有著透徹的認識，他的講課教法先進，語言生動，示範準確到位，使學員學的輕鬆、學的到家。

　　他的爺爺崔毅士為楊澄甫高徒，繼承家學的崔仲三對楊式太極拳械功夫進行了數十年潛心體悟，在繼承傳統基礎上形成了自己的風格。

　　崔仲三介紹說，其祖父在練習方法上十分強調科學性、整體性、連貫性、圓活性和內外身心的統一性。進而達到身姿端正自然、不偏不倚、舒展大方、旋轉靈活、以腰為軸、完整貫穿。從起勢到收勢，銜接一氣，上下表裡猶如一線貫通，勢斷勁不斷，銜接和順，周身完整。動作沉穩中帶有輕靈，輕靈而不漂浮；動而不急動，靜而不僵滯，即所謂「輕而不飄，沉而不僵」。外柔內實，柔中寓剛，綿綿不斷。不論虛實、起伏變化都是式式相連，有如行雲流水，沒有絲毫停頓間斷之處，更沒有忽急忽緩帶有

棱角之弊。

　　崔毅士老先生還經常強調，練拳時首先要做到意到，才能手到；氣到，在意識的引導下，呼吸勻細深長，氣沉丹田，運勁如抽絲，邁步如貓行。心靜，才能「用意不用力」。在寧靜的情緒下，身正體鬆，意識、呼吸、動作三位一體，密切結合，進行有節奏的練意、練身、練氣。所以，太極拳實際是內外兼修、形神合一、動靜結合、上下相隨的高級行為的運動方式。

　　太極拳不同於其他運動，它從精神到形體都是一種柔和的運動。這些原則與要領，在崔仲三的太極拳中都得到了充分的貫徹和體現。

　　楊式太極刀講究以意運氣，以氣馭刀，身刀合一，氣勢沉雄。

　　崔仲三演示的此幅太極刀勢，為弓步架刀勢，左手立掌，舒腕展指，右手持刀，弧形架舉，如雲橫孤山，有高遠意境，融穩健與靈動於一體。

【崔仲三小傳】

　　崔仲三（1948—　），楊式太極拳名家。北京市人。祖籍河北。北京體育大學畢業。中國武術七段，國家一級武術裁判員。出生太極拳世家。祖父崔立志（號毅士）為楊澄甫入門弟子、楊式太極拳在北京的主要傳人之一、北京永年太極拳社創辦人。

　　幼年起秉承家學，隨祖父習練傳統楊式太極拳。全面掌握了太極拳、器械及推手，繼承了祖父拳架舒展大方、均勻柔和、輕靈沉穩、意在其中的風範。

自1957年開始參加各類太極拳比賽，獲得優異成績，多次獲北京市太極拳冠軍，1986年獲全國太極拳比賽太極劍亞軍並任北京代表隊教練。在第11屆亞運會開幕式中日太極拳表演中擔任教練工作，擔任第7、第8屆全運會武術裁判工作。多次參加太極拳、推手競賽規則的研討與編寫工作，參加北京市武術挖掘整理工作並獲嘉獎，多次榮獲優秀太極拳輔導員稱號。培養的許多學生在全國各類太極拳比賽中獲得好成績。

20多年來，相繼接待數十個國家外賓來華學習太極拳，並數度應邀出國講學。1998年被永年國際太極拳聯誼會授予太極拳名師稱號。勤於筆耕，在武術雜誌發表論文多篇，出版有《傳統楊式太極拳教程》《太極刀》等著作。2008年擔任北京奧運會活動太極扇表演教練，並創編奧運太極扇。多次應邀擔任中華武術太極拳名家大講堂輔導教師。

擔任北京電視臺、中央電視臺顧問，組織拍攝了多部太極拳電視教學片、紀錄片等，並進行主講。曾任北京市東城區武術館副館長、北京市東城武術協會秘書長。為北京市武術協會委員，北京永年太極拳社社長。

太極大杆　喬松茂演示

天高龍飛　水闊魚沉

──喬松茂太極大杆悟解

　　大杆在太極拳中有多種用途，既有練功作用，可增強內功，體會太極勁力運用方法，還可將太極槍法糅合其中，槍桿合一。

　　太極拳的每個流派幾乎都有大杆的練習方法，有的稱為「抖大杆」，突出以大杆練習勁力，有的叫「紮大杆」，突出槍法在其中的運用。很多拳家在練功時，把大杆作為提升功力的輔助器械加以重點練習。

　　喬松茂先生演示的是傳統武式太極拳的大杆練法。太極大杆被視為手臂的加長，是依照太極之理、陰陽變化之法而用。其練習要領為精神集中，身體中正，身體與杆要成一整體。練習時襠圓步穩，腰扭臂纏，做到身靈、步活、手合、勁整。經長期不斷習練，可使習練者內勁大增，勁整渾圓，力達杆尖。

　　喬松茂先生為當代著名太極拳家，用心感悟太極之道，身體力行，感悟至深。在太極理法上解析透徹，在太極拳技擊上尤有特色。

　　比如他解析太極拳論「蓄勁如張弓，發勁如放箭」時說：「武式太極拳在內不在外。意指蓄勁時，內勁由手至臂膀脊柱返回腰間，就如人搭箭拉弓一般。」他說，「發

勁如放箭」一句，是指發人時，內勁起於腳跟，注於腰間，形於手指，要有犀利感。運勁如百煉鋼。「總之，這句話是形容內勁蓄發的。」

在解析「身備五功」時說：「武式太極拳沒有身背五弓，只有身備五功。五功是指練習武式太極拳內傳的由著熟到神明的五步（層）功法或五個階段的練習方法。只有按這些練習方法和要求精研細悟和長時期的練功，才能達到武式太極拳的彼岸。而身背五弓是其他拳種的練法，所謂差之毫釐，謬以千里，學者定要辨清。」

喬松茂的拳架身形挺拔，氣宇軒昂，中氣充沛，形正意遠。他所演示的太極大杆，保持了他拳的一貫風格，勁整氣暢。上行如飛龍在天，下沉如魚翔海底。

喬松茂曾在邯鄲擔任政府和文化部門官員，積極推動太極拳活動的開展，為當代太極拳的發展做出了重要貢獻。

【喬松茂小傳】

喬松茂（1955—　　），太極拳名家。河北省張家口人。其父母均係黃埔軍校學員。喬松茂自幼體弱，9歲起便隨其在黃埔軍校當過國術教官的舅父張惠俠（字漢傑）習練國術。16歲時作為「下鄉知青」插隊到了邯鄲縣，1972年起隨李錦藩習練太極拳，誠心求藝數十年，勤苦練，悟得精髓。

透過反覆揣摩和悉心領悟，尤其注重將太極拳理法與生活實踐相結合。對古典太極拳論有獨到研究。多年來致力於太極拳的傳播，上世紀90年代以來，積極參與發起並

組織「河北永年國際太極拳聯誼會」，並連續多次應邀出訪新加坡、馬來西亞等國講學授藝，弟子遍佈世界各地，並結合多年練拳所感著有《武式太極拳詮真》《武式太極拳十三式》等書。

曾任河北省政協常委、河北省武術協會副主任、河北省武式太極拳研究會會長、河北武安市副市長、邯鄲文化局局長等職，被聘為河北體育學院客座教授。曾應邀在三亞舉行的首屆世界太極拳健康大會上做名家表演與輔導。為當代太極拳具有代表性的人物。應邀參加各類重大太極拳活動，為太極拳的發展做出了積極貢獻。

在太極拳理論研究、技擊應用、養生等方面具有精深造詣。其重要太極拳觀點論述被收錄入《隨曲就伸——中國太極拳名家對話錄》中。根據傳統太極理法功技，結合自身體悟形成「喬式太極拳」。

王西安太極拳勢

鬆張無礙　平和流暢

——王西安太極拳勢悟解

　　陳家溝太極拳有「四大金剛」，王西安名列其一。其功夫具有迅、猛、靈、脆、閃驚彈的特點。演練套路似行雲流水，連綿起伏，舒展大方，形神兼備。

　　王西安是比較早把陳式太極拳向海外推廣的人，從20世紀80年代開始就在國外傳拳講學，多年來培養了眾多學生弟子，是一位享有國際盛譽的太極拳家。

　　此拳照突出體現了王西安拳勢特色，架勢開展，精氣內蘊。體態中正，雙手、雙腳虛實相生相合，雖然具有十足的運動動態感，但顯示出了對於內外平衡的極強控制力。雙手、雙腿分別向後、向前相反的動勢在以腰為軸的運轉下，自然和諧地化為統一的勁力方向。形體與神態均鬆靜柔和，順達流暢。

　　一片天，一片瓦，五行具象乾坤大，胸中一氣萬物生，陰陽無礙無塵掛。

　　王西安認為，平衡是太極拳的一個核心原則，應重點把握。人體是一個有機的平衡結構，陰陽互動，互為平衡，人體內外的平衡一旦被打破，就會產生病變。所以太極拳處處以平衡為原則，平衡的思想始終貫穿在理論和實踐當中。

　　對於太極拳的每個動作，要注意理解她內外平衡的關係，外在的形態是怎樣的，內在的功能又是如何，做到「內外平衡」。只練了外形，達不到深度效果。每個動作都有開合的關係，這也是一種平衡，在開合轉換中如何達到平衡？這是「開合平衡」。還有「上下平衡」，許多動作有上也有下，拳論上說「欲上必先寓下」，是個對立統一的矛盾。其他還有很多方面的平衡關係，如呼吸和動作的平衡，手和腳的平衡，概括起來，就是個「陰陽平衡。」陰陽元素有哪些，要搞清楚，每個元素的陰陽屬性也是動態變化的。所以理解平衡關係也要動態掌握。

　　太極拳的動作開展，但不能張狂、張揚，這就對鬆有很高要求。王西安認為，做到了「鬆」，拳架子才能自然流暢，心理上才能穩定。透過練拳，解除身心上的緊張點，氣血貫通，虛心實腹。

　　太極拳中的「鬆」指的是全身自然舒鬆的意思，不是懈怠和疲杳。它對肢體有「曲中求直」的要求。練拳時周身關節、肌肉，凡能夠或應當舒鬆的部分都必須做到自然鬆開。鬆的目的一是便於做到「柔、圓、緩、勻」「節節貫串」等，以求運動的靈活輕鬆；二是胸腹鬆靜，便於沉氣，穩定重心。

　　對於拳架的「鬆」，王西安提出了具體的練習要求，要從兩方面著手：

　　一從外，即從人體軀體著眼。頭部，要求頂頭懸，做到不丟頂。頸部要自然，頸肌要放鬆，避免頸頂強直。軀幹，要求立身中正，就是要求脊柱自然地呈現直立狀態，不能傾斜，也不可故作姿態，安舒中心、符合自然才對。

含胸拔背，胸部略內含避免挺胸，則背部成自然的微弧背弓狀態，其作用是使胸部鬆開，便於內臟自然適宜。四肢，要求鬆肩垂肘，溜臀鬆胯。兩肩自然下垂，不前扣、不後擠，前扣則胸緊，後擠則背部緊張。肘要自然下垂，不可有意下墜。臀部不凸出，要自然含垂，避免隨便扭動。兩胯要鬆，使兩腿自然伸屈不受影響。兩膝蓋勿向前或左右閃出，前膝蓋與腳尖自然對正。兩腳掌、兩手掌也應舒展、鬆開，不要用力。

二從內，對人體內部而言，要保持頭腦安靜，神經不緊張，以便周身鬆靜。頭腦安靜，運動才能做到「純以意行」，不使用拙力。要做到放鬆腰、腹部位，「腹內鬆靜氣騰然」。腰、腹不用力，氣自然下沉，就是利用腹呼吸，做到「氣沉丹田」，既可避免氣上浮，也可穩定重心，以利運動的變轉靈活，不遲不重。

王西安先生這幅拳照所展現出來的平衡與鬆靜值得仔細體味。

【王西安小傳】

王西安（1944—　），陳式太極名家。河南溫縣人。自幼學習太極拳，先後從師於陳照丕、陳照奎。擅長陳式太極拳、械及推手。所演練的套路舒展大方、形神兼備。被稱為陳家溝太極拳「四大金剛」之一。

1981—1984 年三次獲得河南省武術表演賽第一名，1982 年獲全國首屆太極拳推手比賽次重量級第一名，1985 年全國首屆太極拳名家邀請賽中奪得冠軍。自 1983 年起擔任河南省武術館教練，1999 年創建陳家溝武術院。多次赴

日本、美國、法國、西班牙、荷蘭、瑞士等國家講學教拳，在海內外培養了大量學生、弟子。

　　1988年擔任電視連續劇《一代宗師》的太極拳顧問。注重太極拳理論研究，編著出版《陳式太極拳老架》《陳式太極拳技擊秘訣》《陳式太極拳推手技法》等論文。為陳家溝武術院院長，溫縣太極武術館副館長兼總教練，河南師範大學體育系名譽教授，國家武術高級教練。曾應邀擔任中華武術太極拳名家大講堂輔導老師。

楊禹廷太極劍勢

月漫庭花共從容
──楊禹廷太極劍勢悟解

　　楊禹廷是太極健康老人，96歲無疾而終，含笑而去。他是一位拳法、氣度、修為高度統一的拳家。

　　楊禹廷最大的特點是「從容」，待人接物不卑不亢，從容淡定；拳械行功中雅綿和，從容自若。李秉慈先生形容他的老師為「雲淡風輕一太極」。

　　北京吳式太極拳研究會會長關振軍先生總結楊禹廷有「三不主義」，即「武藝高低不怕人說」「武學理論不與人辯」「名利面前不與人爭」。

　　楊禹廷自述太極拳是他健康長壽的源泉，他說：「從事太極拳活動對我身心起到極大極好的作用。我認為我的健康、我的恬靜平淡的性情都來之於太極拳。從學習太極開始，至今基本上無一日間斷，實在萬不得已時，也要靜坐（靜臥）冥思拳理，默練拳術。」

　　楊禹廷性情溫和，但在拳學上卻頗多創造，比如他提出的「八方線」理論，把太極拳的身法變化說得更加明白。他採用的「分動教學法」，把太極拳勢分解得細緻入微，有「解剖」之效。

　　楊禹廷對於太極拳中「開合」的研究也十分深入。開合為各派太極的核心要領之一，得「開合」者得太極。翁

福麒介紹楊禹廷太極拳時說，楊禹廷老師是第一位提出太極拳各式的動作必須是進退、屈伸、開合成雙成對的匹配完成。因此將每一拳式都分成雙數的動作，奇數為開，偶數為合，決不能出現有單無雙的單開、單合或重疊出現的雙開、雙合。在實際運用時，開合之中，還有開合。拳械同理，楊禹廷的這幅太極劍勢就蘊藏了開合的玄機。此勢為持劍獨立，身形開展，抱劍合氣，雖是難度較大的平衡動作，依然顯示著從容不迫的靜氣。

楊禹廷在太極拳教學上成就極大，培養了大量優秀人才，且傳承枝繁葉茂，甚至有「北方吳式出楊門」之說，概言其傳人之眾吧。

【楊禹廷小傳】

楊禹廷（1887— 1982年），傑出太極拳家、著名太極拳教育家。名瑞霖，字禹廷。祖籍北京。幼年時體弱多病，遂習武以強體質。曾從師多人學藝。

民國初年時，投入吳全佑的弟子、太極拳家王茂齋門下學習吳式太極拳，為吳式太極拳發展史中具有代表性的重要人物，北京及周圍地區吳式太極拳傳承者多出自其門下。其拳法細膩規範，勁力圓韌，深悟太極神韻，在太極拳理論上也有高深造詣。

一生從事太極拳研究與教學，曾任職於中法大學、民眾教育館、北平太極拳研究會等處，培養了大批卓有成就的太極拳人才。其中較著名的如王培生、李經梧、李秉慈、翁福麒等，學生中有不少知名人士如劉秀峰、陳雲濤、李星峰、周學鰲、傅作義、楚溪春、葉淺予、戴愛

蓮、趙君邁、李萬春、張雲溪、曾維琪等。

其他親傳弟子有：趙安祥、吳連禎、陳文艾、龔樹慶、李德賢、沈家立、馬漢清、馮士英、戴玉三、王光宇、張福有、辛國華、周忠樞、王輝噗、孫楓秋、鄭時敏、李植林、王松年、石蘭田、馬月卿、趙任情、李福壽、劉馨齋、王書功、鄭治濤、邵瑟安、劉吉仁等。

有子楊家棟、楊家梁，孫楊鑫榮亦秉承家學，研傳太極拳。還在社會上廣傳太極技藝，所傳拳架為吳式太極拳傳統套路，具有意形並重、虛實分明、自然柔和、連綿細膩的特點，達到身心雙修的效果。享年96歲，為歷代太極拳家中高壽者。生前曾擔任中國武術協會委員、北京市武術協會副主席。

改變「口傳心授」的教拳方法，在20世紀20年代寫出《太極拳講義》，後經改進，於1960年出版了《太極拳動作解說》一書，發行遍及全國，並被翻譯成外文。

楊振基太極拳勢

中正爲本　傳統爲基
──楊振基「左掤」勢悟解

　　攬雀尾是楊式太極拳中非常關鍵的一個勢子，太極拳的四正手，掤、捋、擠、按盡在其中。有人稱，「練好攬雀尾，太極拳就練好了一半」，就是說明它的重要性。

　　掤爲攬雀尾第一節，又分爲左掤和右掤，楊振基先生此拳照爲攬雀尾之左掤勢。兩腿爲左弓步，左手掤起在胸前，手腕略高於肩，肘略低於肩。掤時，以腰左轉帶動左手掤轉，右手弧形下落至右胯前，掌心向下，眼隨腰轉。全身充滿張力，右手的下按與左臂的外掤相呼應。

　　楊振基強調此勢的要領時指出，掤手要圓撐，鬆肩垂肘，前後臂不能完全伸直，不能成三角，不能貼身。左肘尖要與左膝上下對齊。眼看的方向要與掤手的方向一致。

　　楊振基認爲，楊式太極拳的身法在拳中起決定作用，身法的身在這裡是指人的中部，即從肩背至胯部。從生理學上說，身是五臟六腑所在之處，包括肩、背、胸、腹、脊、腰、胯等重要部位，傳統理論所提出的尾閭中正、含胸拔背、氣沉丹田、鬆腰胯、斂臀、吊襠，均針對中部要求而言的。身法中的核心是腰的運用。

　　楊式太極拳傳統拳論中說到腰爲軸，爲主宰：刻刻留心在腰間。要求「腰頂窮研生不已」。腰的重要性普遍爲

世人所公認，以致武術界有太極腰、八卦掌之說。但要把腰練到拳的動作上，這就不是一件容易的事。

楊式太極拳的動作要求腰帶手腳，一般手腳不妄動，少動，靠腰帶動。這種練法不但練架子能有最佳的健身效果，更主要的是在提高防身技擊水準方面有良好的效果。

楊式太極拳要求手一般只上下轉換移動，腰的轉動帶動手的轉動，腰一動則全身皆動，腰一轉全身皆轉，楊澄甫的《太極拳使用法》書中說：「腰如車軸，四肢如車輪，如腰不能作車軸，四肢不能動轉；自己要想車軸轉，可多澆油，腰軸油滿方好，用意細細體會自得之，勿須教也。」

楊振基為楊澄甫先生次子，幼承庭訓，矢志太極，刻苦研練。他反覆強調要「死練拳，練死拳」，紮根傳統，力戒浮躁，要求嚴格，一絲不苟，在太極拳的練法教法上形成了一套獨具特色的學術成果。

【楊振基小傳】

楊振基（1921年6月—2007年3月），楊式太極拳名家。河北永年人。楊澄甫次子。自小隨父親和大哥楊守中習拳。得楊家太極拳真諦。隨楊澄甫在廣州教拳時期，白天上學，晚上在父輩的教導下練拳，每日幾個小時，楊澄甫、楊兆鵬進行輔導，奠定了深厚純正的楊式太極拳功底。拳式酷似其父。

1936年楊澄甫去世後，母親侯助清攜楊振基、楊振鐸、楊振國三兄弟回老家永年縣南關居住。三兄弟由母親監督指導，繼續刻苦修煉家門太極功夫。數年後，至廣東

與兄楊守中一起在廣州、中山等地教拳，在東南沿海一帶
及香港地區產生極大影響。

1950年參加工作，在中國花紗布邯鄲分公司擔任管理
員。50年代後經傅鍾文舉薦，應李雪峰等領導邀請到北
京、天津、上海、青島、南京、秦皇島等地教拳。「文
革」中因傳播太極拳和哥哥楊守中的「海外」關係受到批
鬥和審查，曾一度被停止工作。

70年代後開始在邯鄲地、市組織學習班傳授太極技
藝，培育了一大批太極骨幹人才，為邯鄲楊式太極拳的發
展做出主要貢獻。

90年代後在全國各地及海外教授太極拳，受到歡迎，
從學者數萬人。生前任邯鄲市楊式太極拳協會會長，楊澄
甫式太極拳研究總會會長，邯鄲市武術協會榮譽主席。編
著有《楊澄甫式太極拳》等書。

蘇自芳太極拳勢

芳華一代自怡然
——蘇自芳太極拳勢悟解

蘇自芳是一位優秀的武術運動員，但又不僅僅是一位運動員，她身上打下了深深的傳統武術的烙印，很少有運動員能像她那樣，植根傳統武術如此之深。

蘇自芳精於內家拳，太極拳、八卦掌尤為精妙。1990年第11屆亞運會在北京召開，武術第一次列入亞運會項目，太極拳金牌是中國志在必得的金牌，為了確保萬無一失，中國隊還是派出了老將蘇自芳，最終她穩定發揮，不負眾望獲得冠軍。

蘇自芳演練的太極拳，不事鋪陳張揚，卻處處精工雅致，內求而不外懈，形全意足，怡然和諧。

很多人喜歡看蘇自芳的太極拳演練，認為那既優美。又富於傳統武術韻味，是難得的享受。

【蘇自芳小傳】

蘇自芳（1950—　　），女，著名武術運動員、全國太極拳比賽冠軍。雲南楚雄人。1964年進入雲南武術隊，多次獲全國武術比賽的拳術、劍術冠軍，太極拳和八卦掌為其更為突出者。1990年獲第11屆亞運會女子太極拳冠軍。

長期兼任雲南武術隊教練員、運動員。1983年獲國家體委「體育運動榮譽獎章」。為「武英級」運動員。後赴美國傳播中國武術。

趙幼斌太極拳勢

文武之道　不偏不倚

──趙幼斌太極拳勢悟解

　　趙幼斌先生的父親趙斌老先生是楊式太極拳第四代嫡傳，自幼受其外祖父、楊式太極拳的定型者楊澄甫之親傳。他1928年畢業於黃埔軍校六期。上世紀50年代起在西安專事太極拳傳授工作，1984年創辦了西安永年楊式太極拳學會。桃李天下，其中最具代表性傳人即為趙幼斌先生。趙幼斌先生繼承父業，在海內外廣泛傳拳，成績斐然。

　　趙幼斌先生的拳勢以傳統為準繩，不偏不倚，法度謹嚴，不慕浮華。其示範的此拳照為太極拳之「挒」法。挒為太極四正手之一，是「引進落空」的主要運用手段，在回收中還不能丟，不能凹，練好了難度很大。

　　傳統太極拳論《十八在訣》論述「挒」法核心為：「挒在掌中」。趙幼斌對此做了詳細解說：「挒」字的含義是順著來勢、來力而抹帶、引化，動作主要由前向後，方向亦為正。至於勁點，前手在尺骨下近掌腕部，後手在掌心或掌背。特殊情況下，前手勁點也可在腕肘之間，即：可用兩手勃住對方的手、肘部，也可用前手前臂將住對方的肘部，同時用前手手腕封住對方另一手。

　　挒的勁法特點是「輕隨」，即「挒要輕隨」。「隨」

是順的意思，「輕」是黏活，不用大力、拙力的意思，「輕隨」就是順著對方來勢向後回引，因勢利導，使對方的力得不到實點而落空。

挒的勁法還要求做到「動短意長」。這就是說，回挒動作不要大、長，而要小、短，但心意要長。這是因為，你挒住對方時，對方很有可能回撤，你這時就要「挒中寓擠，隨挒即擠」。擠的方向與挒相反，所以挒要「動短」。拳訣有云：「挒擠二法趁機使」「搭手挒開擠掌使」，說的就是這個意思。至於「意長」，是指當自己得勢、對方未能擠靠到自己時，就可放長挒勢將對方挒倒。因此，在練習拳架中「挒」的動作時，既要有放長的動意，又要有迅速回擠的機勢。不溫不火、得機得勢、嚴謹自然，方為挒勢。

以上可作為趙幼斌先生此拳照的解讀，讀者對照參詳。

【趙幼斌小傳】

趙幼斌（1950—　），楊式太極拳名家。趙斌之子。7歲開始隨父親及姑父傅鍾文學練太極拳，並得到楊振基、楊振鐸指點。當代楊式太極拳的代表人物之一。專職從事教學生涯幾十年來，誨人不倦，桃李滿天下，學生遍及海內外。其中，入室弟子近百人。其弟子多次在全國和國際的太極拳比賽中獲得金牌和優秀獎。

他還順應人們生活方式和工作方式發生的巨大變化，對傳統楊式太極拳又進行了大膽的創新，創編了楊式28式和37式太極拳表演競賽套路。

為西安市武術協會委員、西安永年楊氏太極拳學會會長，並兼任中國永年國際太極拳聯誼會副秘書長、西安交通大學、南開大學、清華大學深圳研究生院、香港中文大學等高校及深圳太極拳研究會、泰國永年楊氏太極拳學會等組織的名譽會長和教練。

　　與趙斌、路迪民合著有《楊氏太極拳正宗》。另著有《楊氏太極拳眞傳》《傳統楊氏51式太極劍教程》《楊氏28式太極拳》等專著及配套VCD教學光碟，並在《中華

李德印太極拳勢

德印良品　太極楷模

——李德印太極拳勢悟解

武術》等國家級武術專業刊物發表太極拳論述多篇。

　　李德印先生是一位太極拳界的全能型武術家，這一方面源於他的家學，他的工作，更是由於他在武術上的勤勉與天資。

　　當今中國習練太極拳者，很多人都看過李德印的書或者教學光盤，這話並不誇張。他在太極拳領域涉獵之廣、鑽研之深，都極為罕見。在太極拳教學、研究、推廣、競賽等方面都做出了重要貢獻。

　　由於長期從事教育和競賽工作的關係，李德印在太極拳上非常強調規範，對動作的精度要求很高。他的教學示範被很多人作為學拳楷模，在世界各地，都有人是從臨摹李德印的動作開始學習太極拳的。

　　李德印先生的此幅拳照鬆靜展達，神氣圓融。立掌、坐腕、沉肩、鬆胯，重心在左而動勢在右，勁力完整，不偏不倚。雖為外張動作，但不努不躁，有天高地闊、浩蕩曠遠之意。

【李德印小傳】

　　李德印（1938—　　），著名太極拳家。河北安新人。

出生於武術世家，自幼隨祖父李玉琳、叔父李天驥習武，受到嚴格訓練，精通太極拳、形意拳、八卦掌、少林拳、武當劍等武術。

1961年畢業於中國人民大學，留校員責武術教學、研究工作。多次擔任全國及國際性武術比賽裁判長。1990年擔任國家武術隊太極拳教練，取得第11屆亞運會太極拳男、女項目的金牌，並指揮了亞運會開幕式中日兩國太極拳大型表演。先後參加了《48式太極拳》《42式太極拳競賽套路》《太極劍競賽套路》等國家規定教材的編寫、審定工作，多次擔任全國電視教學節目及國際裁判培訓班指導老師。應邀赴日本、英國、美國、瑞士、瑞典等國家及港、澳、台等地講學傳藝。2001年在海南三亞舉行的首屆世界太極拳健康大會上應邀擔任輔導名家。

拍攝出版了眾多太極拳教學片與圖書，讀者眾多。長期致力於太極拳的研究、推廣，發揮了重要作用，具有廣泛的社會影響和很高的國際聲譽。曾獲「中華武林百傑」「全國優秀裁判員」「國際武術裁判」稱號。為中國人民大學教授、中國武術學會委員、北京市武協副主席、北京市大學生武術協會主席。

雲手　楊振鐸演示

閑庭信步　揮灑自如

——楊振鐸「雲手」悟解

　　楊振鐸老師在向徐才先生介紹太極拳的養生方法時曾經說，有些人如果時間比較緊張，不能每次練完整套路的話，就可以反覆練習「雲手」這個單式，長期堅持必有奇效。可見他對於楊式太極拳「雲手」的重視。

　　雲手在各式太極拳中有「母式」之稱，意即從中能幻化出各式的變化，或者太極百般變化不離其中。

　　雲手的運動，牽動身體每一部分，最核心在腰，以腰為軸，帶動全身。

　　雲手一要連綿不斷，二要圓轉如環，三要上下相隨，手腳齊動，對於全身協調性鍛鍊效果顯著。

　　「雲手」最核心的當然還是神意的鍛鍊，呼吸自然，心態平和，神意活潑，形神並練。

　　楊振鐸先生的這幅雲手拳照，面帶微笑，輕鬆自如。十指舒展，目隨手行，不疾不徐，勝似閑庭信步。

　　此拳照乃2001年在海南三亞海邊拍攝。

高佳敏太極拳勢

天一生水　佳人如玉

──高佳敏太極拳勢悟解

高佳敏是福建武術隊貢獻給世界太極拳界的又一朵奇葩。繼林秋萍之後，她締造了又一個「太極傳奇」，連續多年在國內外大賽上壟斷女子太極拳比賽冠軍，被稱為「太極女神」。

高佳敏性格沉靜，她天生就是練太極拳的好苗子，經過多年刻苦訓練，登上太極競賽的巔峰。她所表現出來的太極拳意境如一泓天水，其拳架風格也如溫潤碧玉，清澈透亮，動作柔和優美，深合陰陽和諧之道。

高佳敏喜讀書，好書法。她覺得練書法講究靜心運氣，與太極有著內在的相似，練書法對她領悟太極拳也有不少幫助。

高佳敏曾拍攝了多種太極拳示範教學片，在全國各地廣為流行。

【高佳敏小傳】

高佳敏（1966—　），女，著名武術運動員。全國太極拳比賽冠軍。福建福州人。1977年進入福建省武術隊。在曾乃梁指導下主練太極拳。多次在全國及國際性比賽中獲太極拳項目金牌。1994年獲第12屆亞運會太極拳冠軍。拍攝了眾多的太極拳及氣功教學片。為「武英級」運動員。並當選為「中國當代十大武星」。

高壯飛太極拳勢

醫武合璧　太極生輝

——高壯飛太極拳勢悟解

　　武術界向來有「醫武不分家」之說，過去很多老武術家都懂得一些醫學，一方面由於武術是技擊之術，練習、交手中難免有損傷情況，再則由於養生需要，懂醫能更好地指導練功。但現在真正懂醫的武術家已經很少了，這不能不說是一種缺憾。

　　高壯飛先生年輕時即學習醫學專業，終生從事醫學工作，且跟隨王培生先生精研太極拳，為當今太極名家，這樣的「中醫」「太極」雙料專家就顯得十分難得。

　　特殊的知識結構使高壯飛能夠從醫學角度全面分析太極拳鍛鍊的合理性、科學性，對太極理法也進行了大量深入的思考。他先後出版了兩本書，一本為《千思百問太極拳》、一本為《太極拳的哲學科學與中醫學》，受到了廣泛歡迎。

　　高壯飛先生的拳勢講究意念的運用和內氣的運行，每個動作都有相應的神意活動配合，舉手投足皆有講究，與經絡原理相符合。拳架鬆柔和潤，內外相應。

　　高壯飛將太極拳的修煉分為神、意、氣、勁四個階段，他解釋道：

　　「神」主要表現在眼神，要做到「進手，手追眼神；

收手，眼神追手」，這樣會保持拳架中正安舒，杜絕「過」與「不及」之病。

　　「意」指意念，即以意行拳，意念與肢體動作完美結合，不僅太極拳，很多體育運動都採用「默練法」來提高運動水準，與此同理。

　　「氣」強調整體性，是一種場效應，以經絡穴位的感應來運化全身，我們可以說它是「以氣運身」，是一種意念的資訊流，它網路全身內外，是一個完整的系統（經絡系統）。

　　「勁」應用於技擊，透過修煉之後，產生「太極勁」，太極拳前輩、大師神奇的技擊故事都是「太極勁」的直觀體現。

　　他還以多年研修的體會，結合空氣動力學和書畫理論等相關學科總結出一套「空間運動」理論。他說，太極拳的身外功法有其獨到之處，在書道中講「分朱布白」，也就是筆劃和空白，空白是很重要的，畫亦如此，對空白處有「寬可走馬，密不容針」之說，對空白處其氣勢可以理解。

　　太極拳的動作姿勢，也是由體形和周圍的空間所組成，周圍的空，叫它氣場，可以形成氣勢，這就是體形動作是實，而氣場是虛，體形動作是左腦的邏輯思維和運動系統所支援，而空白處則是形象思維，是開發右腦的思維。而太極拳論中提到的「以氣運身」，應該是以形象思維為主的體外場勢為主的運化，練拳架或推手時，其思維活動不只是左腦的形體運動，而更主要的是右腦的形象思維，它才能有一個整體的運化，才能走出太極拳論中所要

求的「一動無有不動」「四兩撥千斤」「蚊蠅不能落，一羽不能加」的輕靈功夫。

【高壯飛小傳】

高壯飛（1932年4月—　），吳式太極拳家、中醫學家。北京市人。北京市普仁醫院中醫主治醫師。20世紀50年代開始從師於王培生學習太極拳的功、理、法，並受到楊禹廷的多年教導。注重以拳理法結合醫理，哲理，人體力學等研究太極拳及太極文化。

在武術雜誌發表過多篇太極拳的論文，如《太極拳功法，經絡與穴位》《拳道合一》《太極文化的探討》《「黃帝內經」與太極理論與功法》《論「導引」與「屈伸」》《論「在已無居」》《太極推手有陰陽》《論太極拳的「曲中求直」》等研究論文。《太極拳與開發右腦》在第3屆中國焦作國際太極拳交流大賽太極拳論文報告會中獲獎。傳授有弟子多人。

為中國藝術研究院東方人體文化研究中心特邀研究員，北京市武協吳式太極拳研究會常務副會長，北京市武協文史研究會研究員，中國中醫學會會員，北京大興鳴生亮武學研究會高級顧問，美國中醫藥太極國術研究院教授，廣東臺山市太極拳聯誼會顧問，河北邢臺市吳式太極拳研究會顧問，廣西南寧市永年太極拳研究院顧問，北京中國書畫協會會員等。

摟膝拗步　孫祿堂演示

開合之妙　虛靜爲本

——孫祿堂「摟膝拗步」悟解

　　中國武術的內家拳，最負盛名的主要拳種就是太極、形意、八卦，到了孫祿堂這裡，真正實現了三拳合一，不僅從形式，更從內容實質上融會貫通。孫式太極拳的練法中，我們可以心領神會到形意、八卦的精髓。比如形意的勁法，八卦的身法等。

　　在各派太極拳的練法中，步法是基礎中的基礎，身體的移動、變化，首先要有步法的變化，各派太極拳的風格，從步法中也鮮明地體現出來。楊式太極拳大多是腳跟先著地，重心逐步過渡，陳式太極拳有貼地鏟出的步法，孫式太極則是「邁步必跟，退步必撤」。

　　此拳照為孫祿堂先生演示的「摟膝拗步」，體現了孫式太極拳步法、手法上的典型特徵。右手從左向右、向下弧形摟至右胯處，右掌心向下。右足同時向右、向前邁出。左手隨之向右前推出，胳膊似直非直，似曲非曲，食指尖與口基本向平。與推掌相配合，左腳同時向前邁步，邁至右足脛骨前落，足尖著地，重心在右腿，眼看食指尖。所有動作均神氣貫注，不用拙力。從孫祿堂拳架上看出，身體處處為大角度弧形，四肢不過分張揚，強調自然隨和，心中虛靜，此為孫式拳的養生大要。

孫劍雲說：「練習太極拳講究外修其身，內養其心，動中求靜。它一是理氣機，增強肺臟功能；二是通百脈，增強肝臟功能。」「每左右轉身均以開合相接。勢如行雲流水，綿綿不斷。」

孫式太極拳又稱「開合活步太極拳」，其步法的重要性可見一斑。「開合」不僅是一種動作外形，而是一種練習原則，步法的進退也是「開合」的一種。

【孫祿堂小傳】

孫祿堂（1860—1933年），著名武術家。孫式太極拳創始人。名福全，字祿堂，號涵齋。河北完縣人。自幼尚武，聰敏好學，先後隨師武術名家李魁元、程廷華習練形意拳、八卦掌，並受教於形意拳大師郭雲深。

1886年春，隻身徒步壯遊南北十多個省，廣訪天下武林各流派名家高手，交流武功，融會貫通，功夫精進。1888年返歸故里，同年在家鄉創辦蒲陽拳社，廣收門徒。1912年在北京從師於郝為眞學練武式太極拳。經過長期苦修研習，融其所得，於1918年創編了重要太極拳流派「孫式太極拳」。孫福全身兼太極、形意、八卦於一體，是中國內家拳術的代表人物之一。

其理論上也多有建樹，流傳了《太極拳學》《形意拳學》《八卦拳學》《拳意述眞》《八卦劍學》等著作，為中國武學精品。曾任中央國術館武當門門長、江蘇省國術館副館長兼教務長。在近代武林中素有「虎頭少保」「天下第一手」的美稱。一生以教拳為業，弟子遍佈天下。

趙斌太極拳勢

文武大道　太極之理

——趙斌「搬攔捶」悟解

　　趙斌為楊家宗親，得楊家真傳。經歷傳奇，歸真太極。曾投筆從戎，又畢生奉獻太極事業。乃西北楊式太極的重要傳播者。

　　趙斌尚武但喜文，寫書法，做詩詞，著拳論。如他做詩詠太極拳：「意趣環生味無窮，恰似楊柳擺春風。練到柔和優美處，行雲流水一般同。」還把太極拳要領變成順口溜，幫助學員記憶領悟：

　　　　姿勢正確意集中，進退轉換虛實明。

　　　　動作協調體放鬆，前後連貫上下應。

　　　　速度均勻像抽絲，舉止輕靈似貓行。

　　　　呼吸一任順自然，治療保健太極功。

　　他是一位武者，也是一位雅者。經過人生歷練與拳功的修煉，使他的拳架有著大巧不工的圓融與透徹，「看似尋常最奇崛」，把種種的規矩化作平淡的舉手投足。

　　這幅「搬攔捶」拳勢為趙斌先生在1985年西安楊式太極拳學會成立時為廣大太極拳愛好者表演時所拍攝。

【趙斌小傳】

　　趙斌（1906—1999年），楊式太極拳名家。河北省永

年縣廣府鎮人，為楊澄甫之二兄楊兆元外孫。

自幼居住在楊澄甫家中，對太極拳耳濡目染。7歲開始學拳，得到外公傳授指點，早有根基。少年時，靠親友接濟，勉強求學。16歲畢業於永年師範講習班，後與妹夫傅鍾文隨楊澄甫在杭州國術館習武，朝夕相處，勤學苦練，技藝日臻成熟，盡得眞傳。

大革命時期，曾參加北伐戰爭，後被保送到黃埔軍校，為第六期學員。畢業後，被派遣到西北楊虎城將軍第17軍西北綏靖公署步兵訓練班任武術教官。抗日戰爭期間，在馮玉祥將軍麾下獨立第5旅任上校參謀長等職。1947年因不滿蔣介石發動內戰，毅然辭職退出軍界，定居西安。新中國成立後，在政府部門從事稅務工作。

1958年，為弘揚國寶，他放棄工作，專事授拳。1984年，他創辦了西安永年楊氏太極拳學會，使西安成為楊式太極拳在西北地方傳播的一個重要基地。

他以出身黃埔的有利條件，於1991年在西安成功舉辦了首屆海峽兩岸楊式太極拳交流大會，增進了兩岸太極拳界的瞭解和交流，為兩岸和平事業做出了貢獻。曾任陝西省文史館館員。

1999年2月去世後，河北省永年縣政府為表彰他對太極拳事業的傑出貢獻，在廣府古城東南建造了趙斌太極園。

邱慧芳太極劍勢

慧質劍心　芳華四溢

——邱慧芳太極劍勢悟解

　　邱慧芳是一個不懈追求的人，在她面前，總有更高的目標，更廣闊的天地呈現。對她來說，退役是她太極生涯又一個新階段的開始。

　　在拿了很多太極拳金牌以及世界冠軍後，高校教師的身份使她能夠在寧靜的大學校園裡有機會整理有關太極拳的思路，鑽研更多太極拳理法，使她從一個優秀運動員昇華為一位立體化的太極拳專家。

　　邱慧芳從1993年開始轉練太極拳，在這之前，是一名長拳類運動員。人生的每一個轉折都很重要，邱慧芳說，自己很慶幸當時的轉型，因為開始練習太極拳後她才知道，原來太極拳才是自己真正適合的項目。從此開始了她芳華四溢的太極拳生涯。

　　參加春節聯歡晚會的節目，向全國人民展示了太極拳的藝術魅力。作為中央電視臺紀錄片《太極秘境》的專家主持，讓人領略了她對太極拳認識的深度、廣度和表現力。近年來，在一系列重大太極拳活動及大講堂中，她擔任輔導老師，深入淺出地講解和優美瀟灑的示範受到廣泛好評。

　　邱慧芳說，「太極拳是一輩子的事」。

【邱慧芳小傳】

　　邱慧芳（1975—　），女，世界太極拳冠軍，太極拳研究專家。湖北黃石市人。武漢體院畢業後，1996年進入前衛隊。1993年開始從槍、劍改練太極拳，1998年全國錦標賽中分別奪得太極拳、太極劍的銅牌。在同年的全國太極拳、劍錦標賽中，她獲得太極劍第一和武式太極拳第一的好成績。

　　1999年，邱慧芳包攬全國錦標賽個人賽和團體賽、世界武術錦標賽的太極拳冠軍。

　　2001年開始代表北京隊比賽，重新出山的她獲得第9屆全運會太極拳、劍、全能第三名。2002年，繼續蟬聯錦標賽太極拳冠軍。2003年，邱慧芳在練習難度動作時腳部受傷而無緣參加太極拳比賽，太極劍獲得亞軍。

　　她演練的太極拳下盤緊實，動作鬆弛，沉穩踏實而又不失輕靈飄逸，為21世紀初活躍在太極賽場上的領軍人物。多次應邀擔任中華武術太極名家大講堂輔導教師。

手揮琵琶　楊振國演示

有形無跡　物我兩忘
——楊振國「手揮琵琶」悟解

　　楊振國先生為楊澄甫四子，為當今太極名家。一生研練、推廣楊式太極拳。其拳架規範端正，鬆柔自然，優雅大方。

　　「手揮琵琶」是楊式太極拳重要拳勢之一，其基本練法為：重心逐漸轉移到右腳，左腳向前，腳跟著地，腳尖微抬，膝微弓，成左虛步。左右手向前揮出，左手在前，右手在後，掌心相對，身體微向右轉。兩手皆舒展手指，勁氣貫於指尖，左手食指高與眉齊。右手掌收於左肘內側。開襠、坐胯、鬆腰、頭微微上領。注意左腳尖不可過分上翹，否則容易造成勁力的僵化點。

　　楊振國先生的此拳照，輕靈沉著，張弛有度，上下虛實相應，心平氣和。有寄情山水、物我兩忘之感。

【楊振國小傳】

　　楊振國（1928—　　），楊式太極拳名家。楊澄甫之子。出生於北京。6歲習拳。所編傳統楊式太極拳「精選套路55式」「太極精華37式」兩套路，得到廣泛傳播。多次應邀在國際性太極大會上做示範表演和教學活動。2009年，被國家命名為「非物質文化遺產——楊式太極」傳授繼承代表人物。

跨虎勢　李經梧演示

關山飛渡　雲起水生

——李經梧「跨虎勢」悟解

　　李經梧學練陳、吳兩家太極，並兼研其他太極流派，留下來的陳式太極拳照眾多，但吳式太極拳照極少，圖像品質比較清晰的似乎僅見此一張，因此，本拳照也就顯得彌足珍貴。

　　吳式作為綿、巧著稱的太極流派，跨虎勢要出大氣派，其中的平衡點要把握到家，否則，或者顯不出縱橫氣派，或者過於火氣十足。

　　李經梧先生此勢，身體處處弧形，直立的右腿也微微彎曲，兩臂外撐，張力十足，但有回環往復之勢，涵胸而不塌陷，頭頂領起，中軸正直清晰，提起的左腿虛虛領起，有飛渡萬山的浩蕩和雲生水起的自然。特別是很好地處理了起、落的對應關係，需要細細領悟。

范雪平太極拳勢

平心見海　浩瀚乃空
——范雪平太極拳勢悟解

　　一位資深的國際級武術裁判說，范雪平突出的冷靜的心理素質在運動員裡也十分罕見。她的熱情包裹在平靜祥和的外面之下，透過太極拳的招勢釋放出來。范雪平把「不以物喜，不以己悲」當做自己做人的準則。有人這樣評價她的習武境界：「武之靈動，萬物皆空。」

　　范雪平的太極拳勢呈現出了悠遠曠達的意境，她在演拳中，不會刻意雕琢眼神的方向和凝視狀態，因此沒有神氣的外泄。動作的綿和與沉靜的心理，使內心與動作相統一。

　　范雪平曾連續多年獲得全國女子太極拳冠軍，從太極拳柔和中提煉出的堅定與自信是她成功的重要因素。

【范雪平小傳】

　　范雪平（1974—　），世界太極拳冠軍。安徽蚌埠人。1987年進入安徽省武術隊。

　　1994—1998年連續五次蟬聯全國武術錦標賽太極拳冠軍。1995年獲得第3屆世界武術錦標賽太極拳冠軍。1997年獲全國第8屆運動會武術比賽太極拳冠軍。1998年獲得第13屆亞運會武術比賽太極拳亞軍。2001年獲得全國九運

會預賽武術太極拳、劍全能冠軍。

其太極拳風格自成一體，以動作舒展大方最為特色，成為之後許多太極拳運動員模仿的對象。1994—1996年連續三年被評為全省「十佳」運動員，1997年省政府授予「貢獻獎」銀製獎章，記一等功一次，1998年評為「安徽省巾幗建功」先進個人，授予省「三八紅旗手」，1999年入選安徽體壇「江淮五十傑」，2001年被授予安徽青年「五四」獎章，2001年獲體育系統先進工作者，安徽省第三屆精神文明建設先進個人。

牛春明太極劍勢

306

舒指問禪　提劍尋道

──牛春明太極劍勢悟解

　　牛春明為楊澄甫弟子中年長者，也是在北京比較早隨楊澄甫學拳的人。也得到了楊健侯先生的指導，還被楊健侯賜名為「鏡軒」，可見其在楊家弟子中的分量。牛春明1920年南下，協助楊澄甫教拳，後定居於浙江。是浙江楊式太極拳最為重要的推廣傳承者。

　　牛春明為人樸實，其拳風也質樸純厚。我們從他流傳下來的多幅拳照中可以看出，其行拳自然規矩，毫不做作，動作到位，意念到位。

　　這幅太極劍勢，名為「射雁勢」，有的稱「仙人指路」，左手劍指，遙點前方，目光透過劍指向前平視，凝神定氣，右手自然提劍，固而不僵，右臂呈弧形蓄勢，劍尖向前，平中帶斜，含變通之意。重心在後，右腳實，左腳虛，身體有側裹之意，整個狀態威而不暴，靜而不止，太極劍道，揮灑其裡。

　　據牛春明外孫，也是他的重要傳人孟憲民先生介紹，此劍勢照片拍攝於杭州西湖邊，風景如畫，人劍合一。當時拍攝了一組照片，牛春明先生狀態精神飽滿，狀態鬆弛，演練流暢自然，觀之令人賞心悅目。

【牛春明小傳】

牛春明（1881— 1961 年），滿族，北京人。1901 年在義大利天主教會福音醫院（國施醫院）學醫，專攻骨科。1902 年拜楊澄甫為師習楊式太極拳。1907 年，由醫院推薦，任北京市消防隊隊醫；楊健侯同時被聘為消防隊名譽武術教練；牛春明時常得到楊健侯指點。1912 年，開始協助楊澄甫教拳；1914 年，在楊家武館任助教。

由於喜愛武術，曾一路行醫，至山西大同、河北石家莊、江西撫州等地，尋師訪友，交流技藝。1920 年，南下寧、滬、杭，曾在上海哈同路 68 號設立太極拳館，後離滬去浙江，授拳於蘭溪、永康一帶。

1928 年，楊澄甫任杭州國術館教務長，牛春明前往相助。楊澄甫南下上海、廣州，牛春明繼任杭州國術館教務。抗日戰爭期間，牛春明避禍於鄉間。

1946 年重返杭州，在開元路 37 號設立牛春明太極拳社。新中國成立後，牛春明執教於浙江醫科大學、浙江省軍區醫院、浙江大學等。1956 年，到北京參加全國武術大會，所展現功夫引起轟動。1960 年，有關方面為牛春明拍攝太極功夫紀錄片《萬年青》。其女牛筱靈在香港撰寫《牛春明太極拳》一書，外孫孟憲民 1996 年在杭州成立春明太極拳館，傳播太極拳。

摟膝拗步　劉晚蒼演示

平生拳意入畫來
──劉晚蒼「摟膝拗步」悟解

劉晚蒼是北京太極拳界的實力派名家。被公認為名氣大、功夫好。

劉晚蒼的老師是劉光斗，王茂齋的得意弟子。劉晚蒼學的拳法比較純淨，沒有雜質，保持了比較原始的吳式太極風貌。

他生前曾多年擔任北京吳式太極拳研究會會長，在高手如林的北京吳式太極拳界，眾望所歸。

劉晚蒼不善言談，講拳都是手上說話，功夫很好，不會滔滔不絕地講，但你問到了，他就會給你說清楚。他還有個特點就是「以物事喻拳」。

劉晚蒼的傳人曾回憶他在講攬雀尾勁時，讓大家看著海浪層層疊疊湧向碼頭石壁，觸之又給反彈濺射出去，便說：「這就是攬雀尾勁。」石壁不會上手去打海浪，像是浪趕上手去給石壁放出去，這其中就含著站住中定往開裡打的道理。

在講「合勁」時，以雙人擔煤作喻，過去海運煤炭，需雙人抬擔由長長的舢板裝船，看著舢板隨抬擔人有節奏地上下震顫，劉晚蒼說：「你看，這就是合勁，他倆勁不合，就掉到海裡去了。」

講空勁與彈勁時，以鳥落樹枝作比喻，一隻鳥往一個樹枝上落，枝條朽透了，鳥踏空差點摔到地上；鳥又落在一樹枝上，枝條柔軟且有彈性。第一次鳥落上去給空了一下，第二次落上去被樹枝的反勁彈了出去。這種以物事喻拳的教學法，生動而透徹。

劉晚蒼先生的拳架古樸雄勁，蒼鬱奇雅，大氣磅礴。如落地老梅，鳳凰躍枝。他認為練好吳式太極拳的關鍵是掌握好「輕靈」這個要領，輕靈也有真假之分，練得不對，就把輕浮當做了輕靈。在太極推手中是體會輕靈的最好方式，搭手要輕，他說：「如同踩在初冬的薄冰上，你稍一用力就掉進水裡了，得提起千百倍的小心。」聽勁要輕，「如同人家細聲小語地附耳和你商量件事，你卻詐詐唬唬大聲嚷嚷，那怎麼聽清楚？」柔化要輕，「什麼叫做輕？輕就是抽筋順著來勁收回去了，便虛了。怎麼能說不使勁呢？沒勁你縮得回去嗎？」

這幅「摟膝拗步」拳照，比較典型地體現了劉晚蒼游刃有餘的拳勢、拳勁控制力。此勢先合後開，開合相應，進退往復，身法輕靈。雙手一掌一鉤，皆氣貫指尖。右腿為實，左腿為虛，左腳即將邁出，左手與左腳互為引動。右手的立圓圈、左手的平圓圈，以脊柱為中軸的腰胯圈，腳下的方位圈都呼之欲出，且環環相扣，圈圈相套。為太極「亂環訣」之妙解。

劉晚蒼的學生弟子中有很多文化人，道家丹學名家胡海牙就跟隨其學習太極拳。胡海牙先生為中國道教協會會長陳攖寧先生學生，於道學有很深研究，對太極拳也很有興趣，接觸過很多的太極拳、武術名家。他對劉晚蒼的功

夫心悅誠服。他曾經記錄和劉晚蒼學習的體會：「劉晚蒼先生的推手很有水準，見他經常與學生們推手，自己也想試一試。搭上手推了幾圈，我稍稍一用勁，不曾想自己卻被輕輕地彈了出去，摔了個仰面朝天。我一點疼也沒有感覺到，只是感覺很奇怪。不少人說劉晚蒼老師的推手能發人丈外而不使感覺痛苦，確實不假，在我遇到的太極拳家中也不多見。」

劉晚蒼還擅畫，他在畫境筆意中領略的氣韻融注到太極中，在拳法中憑添了幾分儒雅。他的拳功也如同中國的山水畫，充滿了寫意的蘊績和磅礴的大氣。拳即畫，畫即拳，虛實相間，有無相生。著名武術家李子鳴先生也擅畫，他說：「我作畫就是在練拳。」道出了其中妙處。

劉晚蒼不僅擅太極拳，在八卦掌等拳種功夫上也享有盛名。原北京市武術協會主席劉哲先生曾評價他說：「他所傳習的宋派八卦掌、吳式太極拳和彈腿，都是武術中亟待研究整理的寶貴資料，他的太極推手是他依據自己的條件，慎重吸收各家之長，逐漸形成沉沾古樸、靈潛宏偉的個人風範，獨具特色。」

【劉晚蒼小傳】

劉晚蒼（1906—1990 年），原名劉培松。著名武術家。原籍山東省蓬萊市大辛店鎮東許家溝村。廣泛習練譚腿、長拳、太極、形意、八卦以及各種器械，無一不精。尤擅長太極拳和推手，技能造詣精湛。廣交武林好友，德藝雙馨，為中華武術的傳承和推廣做出了傑出的貢獻。

幼年喪父母，家境貧寒，在祖父母撫養下長大。在家

鄉時，就喜歡武術，經常舞拳弄棒，曾在鄉里向拳師學習過左習拳、仙人拐妻等。14歲時，祖父母相繼去世，生活無靠，被叔祖父接到北京謀生。到北京後，白天打工，晚上習拳。後與劉煥烈一起拜劉光斗為師習武，精練譚腿、長拳、太極、形意、八卦拳等。還受到老前輩王茂齋、唐興福、張玉蓮的親自指導，曾一起參加過北京中山公園的武術匯演。其太極推手功力深厚，聽勁敏銳；化勁靈活多變，發勁圓整準確，有排山倒海之勢。

1932年隨劉光斗赴西安教學，在陝西國術館任教，主要傳授譚腿、長拳和器械等。曾參加陝西的國術比賽，獲大槍第一名，被譽為「大槍劉」。後從西安回北京，堅持習武傳人。新中國成立後，在地壇練拳授徒，長達幾十年從不間斷。培養了一大批太極拳高手。晚年曾多次到北京體育大學、北京市體育運動學校傳授太極拳推手技藝，多次攜弟子參加人民大會堂、工人體育館等場所表演太極拳和推手。多年來，擔任市、區武術裁判工作，任北京市武協委員、顧問。1984年1月，北京市吳氏太極拳研究會成立，被推舉為第一任會長，為吳式太極拳的普及和發展做出了重大貢獻。

1980年與劉光鼎合作出版《太極拳架與推手》一書，該書系統地整理和論述了劉晚蒼先生70多年來在太極拳術方面的實踐與經驗。2002年7月劉晚蒼和劉煥烈兩位老師傳授的武術經典套路和文獻資料由其弟子劉培一和劉培俊整理成為《劉氏傳統武術集》出版發行。

戈春豔陳式太極拳勢

太極奇葩　光華綻放

——戈春豔陳式太極拳勢悟解

　　陳式太極拳節奏鮮明、剛柔相濟、動靜結合，一般認為，比較適合男子演練，太極拳比賽中，運動員也是男子選練陳式者多，女子選練楊式者多。

　　戈春豔曾是中國頂級武術運動員，獲得過包括全能冠軍在內的多項金牌。她對武術的特性有很強的把握能力，能準確把握每個拳種的技術特點，所演練的八卦掌、陳式太極拳具有很強的感染力，自成風格。

　　女運動員能以演練陳式太極傲視群芳者，戈春豔可稱為「武林奇葩」。也正因如此，她應邀參演了《大刀王五》《武林志》《楊門女將》等影片的主要角色。

　　戈春豔的陳式太極拳架招勢特點鮮明，拳架結構優美，以女性的角度，把陳式太極拳的剛柔相濟演繹得獨具韻味。在許多細節上，創造性地結合了自身突出的武術基本功進行藝術性的表現，這是戈春豔對當代陳式太極拳的一個貢獻。觀摩戈春豔的陳式太極拳架，會對很多練拳者產生有益的啟發。

【戈春豔小傳】

　　戈春豔（1959—　　），女。著名武術運動員、全國女

子太極拳比賽冠軍。北京市人。少年時受訓於北京什剎海業餘體校，1974年與李連杰、李霞等一起進入北京武術隊，任女隊隊長，開始參加全國武術比賽。多次蟬聯八卦掌冠軍，並獲1984年全國武術比賽太極拳及女子個人全能金牌，同年參加首屆「國際太極拳、劍邀請賽」獲得太極拳比賽金牌。

此外還長於對練、劍術等項目。在歷次全國武術比賽中共獲得個人前六名獎牌七十多枚，為中國武術運動員最高技術等級「武英級」稱號獲得者。

參加太極拳比賽所練項目為陳式太極拳，曾受教於雷慕尼、馮志強等名家。風格清新、獨特，造型優美。

1985年畢業於北京體育學院專修班，1982—1989年在北京武術隊兼任教練員，20世紀八九十年代分別主演著名武術片《武林志》《大刀王五》等。

1994—2005年定居新加坡，在多個武術團體、學校、聯絡所授課。2004年創辦「八方武術培訓中心」在新加坡傳播中國武術。著有《八卦連環掌》等武術技術著作。被北京大學武術協會授予「榮譽會員」稱號。

鍾振山太極拳勢

自能靈化　乃爾騰虛

——鍾振山太極拳勢悟解

　　我常常喜歡看一些抓拍的動態拳照，因為我覺得拳家在動態練拳時，更加注重了動作的銜接，在一些抓拍比較好的拳照中，包含的資訊量更豐富。

　　這幅動態抓拍鍾振山先生的拳照就是這樣一幅有著豐富內涵的拳照。2008年3月，鍾振山先生應邀在北大傳授武式太極拳，這幅拳照即為鍾振山老師在給北大學生講拳時抓拍。

　　武式太極拳的基本手型是五指張開，這樣人的精神就會提起來，氣脈也就張開了，掌心內含，掌呈瓦棱形。右腳欲上前，先以腳尖虛點地，過渡自然鬆弛，左腳落住重心，穩住身形。腕部是鬆平並帶有沉塌的，身體正中有側，側中有正，橫向有螺旋之勁。整體在動態中保持完整一氣，懷抱氣團，運功混元。變化中隱含了挒、推、按、抻、拉、靠、轉等諸多勁法。給人以一動百動，處處相隨的感覺。

　　動態拳照更能展現拳家的功夫，往往在靜態時會有更多時間來調整身體各部分要領，動態則容易暴露拳家弱點。鍾振山先生這幅照片即使是在動勢過程中仍然保持著嚴謹的法度，滴水不漏，顯示了精純、紮實的功底。

鍾振山在談到太極拳的要領時曾強調「靈活」與「轉動」，他說，太極拳法要求靈活，指的是人體的轉動和滾動，以及凹凸的虛實變化。轉動主要指腰部左右旋轉，滾動則指腕、臂、肘、膊的翻擲。轉動和滾動也是圓弧運動，使對方著力點沿圓弧軌跡轉移以致勁力失去作用。凹凸變化實際是直線運動，使對方著力點作直線進退。無論前者還是後者，都是針對具體情況，使進攻的勁力落空，破壞其進攻計畫。遇勁即化，或轉滾，或進退，不為敵力所困才是靈活。

太極拳法廣泛使用轉動，先順轉以化敵勁，再逆轉以擊敵身。掤、捋、擠、按必須貫徹以腰為軸的轉動；採、挒、肘、靠則不僅用腰，還要結合步法虛實轉換來完成各種轉動。例如對方用大力作用我時，只要著力點不落在通過重心的中垂線上，就可以用腰的轉動，化除對方的勁力而保持自身的平衡。

由於我身體的轉動，著力點必然隨對方勁力在空間內位移，而不能直接作用於我的重心。著力點的位移，能使對方的勁力落空，身體騰虛。我則根據其失重情況，由防禦轉入進攻，向對方身體施力，這就是「引進落空合即出」。從他這幅動態拳照中，我們可以仔細體悟這些練法與要領。

【鍾振山小傳】

鍾振山（1948—　），武式太極拳名家。河北永年縣廣府鎮東街人。武式太極拳第五代傳人。自幼酷愛武術，13歲正式拜永年太極拳名家、武式太極拳第四代傳人姚繼

祖為師，習練武式太極拳、刀、劍、杆（槍）、推手等。演拳循規蹈矩，鬆靜自然，獨具靜態之妙。推手端正嚴密，細膩熨貼，寧靜而不妄動，以善化為長，在拳法、拳理上頗有造詣。

歷任三屆中國永年國際太極拳聯誼會千人表演總教練，獲第3屆永年國際太極拳聯誼會武式太極拳法金牌。在武術雜誌上發表了《太極拳聽勁與懂勁》《太極拳中柔與剛》《沾連黏隨說》《聽勁與懂勁的力學原理》《淺談武氏太極拳養生與技擊》等多篇論文。和世界太極拳愛好者進行了廣泛交流，收到普遍好評。

1992年4月，被邯鄲市武術協會評為太極拳一級拳師。1993年9月，應中國武協、中國武術研究院邀請，參加了國家武協在杭州召開的全國太極拳推手規則研討會。1995年應邀參加中國武術研究院組織的武式太極拳競賽套路編寫工作。1997年，被河南省溫縣太極拳年會評為太極拳名師。1998年，被永年太極拳聯誼會評為太極拳大師。1998年協助姚繼祖先生整理、編著《武式太極拳全書》。2001年3月，應中國武協邀請，參加在海南省三亞市舉辦的首屆世界太極拳健康大會，擔任名家演示和輔導工作。應邀在北京大學等地講學傳播太極功夫。

撲面掌　吳文翰演示

舉掌問路　進退裕如

──吳文翰「撲面掌」悟解

「撲面掌」是武式太極拳中比較獨特的一勢。為進擊之勢，應注意放中有收。吳文翰解釋此勢：「以掌撲面，有居高臨下之勢，故名撲面掌。」

他在講述此勢要領時說：「左掌自胸前經右臂上穿向前撲蓋，左臂要先外旋，等向前撲掌時再內旋，以加大左掌擰旋撲蓋之力。左掌由上向下撲蓋，要藉右腿前弓、身形下塌之勢，要有居高臨下、掌落牆塌之威。不可光用臂力。」「勁點在掌根，左掌、右足與鼻尖三尖相照，目光向前注視。」

撲面掌在許多內家拳法中也都有此名稱勢子或者類似的練法，但勁力都比較剛猛一些，為技擊狠招。

武式太極拳用柔化將其狠猛消弭掉，仍保持其較強的實用作用，練習中當細細感受。

陳小旺太極拳勢

運轉丹田　變化萬端

——陳小旺太極拳勢悟解

陳小旺在當代世界太極拳界具有不可替代的影響力，不僅在於他系出名門，嫡脈正宗，更是因其用功刻苦，勤於鑽研，不斷提升。20世紀80年代他就已經名滿天下，並在全國大賽中獲得金獎，當時那部新影拍攝的紀錄片《陳氏太極拳》，展現了陳小旺激動人心的太極功夫，影響了很多年輕人因此去學習陳式太極拳，陳小旺也在太極拳界達到了「天下誰人不識君」的程度。

近幾十年來，陳小旺在世界各地推廣陳式太極拳，弟子學生遍天下。曾拍攝了《推手》《臥虎藏龍》等影片並獲得奧斯卡獎的世界著名導演李安也對其拳學十分仰慕，陳小旺在臺灣講學期間，李安還專場與之對話，探討太極、文化與人生。

看陳小旺的拳有一種磅礴浩大的氣勢，這種氣勢哪裡來？陳小旺揭示了奧秘，來源於丹田，練習陳式太極拳的關鍵在於運轉丹田。他強調，陳式太極拳始終遵循著以丹田為核心的運動規律，陳式太極拳勢豐富，變化萬端，但都以此為源泉。他對此進行了詳細解說：

「太極拳的運動規律只有一個：以丹田為核心。這個運動規律很抽象，丹田動，首先影響腰的纏絲；影響肩、

肘、手，肩、肘、手的纏絲；影響胯、膝、踝，胯、膝、踝的纏絲。丹田受到全身的支持，又能影響全身，形成以丹田為核心，一動全動，全身纏絲。第二個運動形式是起勢，沒有纏絲，有胸腰的折疊運化，丹田是前後旋轉。第三個運動形式，是在第一個運動形式和第二個運動形式之間的變化，左變後、後變前、左變右、右變後，在變的時候，既往後、又往右、又往左、又往前，又往左、又往後、又往前，每一變得變四個方向。」

　　「所以總結來說，太極拳一個運動規律：以丹田為核心，一動全動，節節貫串；三種運動形式：一個是纏繞螺旋，丹田左右旋轉；一個是丹田前後旋轉，胸腰折疊運

陳小旺演示太極槍

化；第三個在第一和二之間，既有前後又有左右。這三種運動形式同是一種運動規律，前後左右既有前後又有左右，都是以丹田為核心。所有套路，包括刀、槍、劍、棍，還有推手，都只有『丹田為核心』這一個運動規律。」

如果以此為出發點，再細細品味陳小旺的拳、械照片，當能體會出更加內裡的妙處。

【陳小旺小傳】

陳小旺（1946— ），陳式太極拳傳人，著名太極拳家。河南溫縣陳家溝人。自幼開始系統的太極拳訓練，繼承了陳式太極拳的理法功技。1980年被河南省體委調入從事專職武術訓練和教學工作。參加過多次武術大賽，獲得優勝，其中1980—1982年參加全國武術太極拳比賽，連續三年獲金牌。1985年代表中國隊在西安首屆國際武術邀請賽中獲太極拳冠軍。1988年獲得國家體委武術研究院頒發的武術貢獻獎。參加過《太極神功》《神丐》《陳氏太極拳》等片子的拍攝工作。應邀出國開展廣泛的教學活動。

曾擔任河南省武術館副館長和省陳式太極拳協會主席等職。發表有《論陳氏太極拳的五層功夫》《陳氏太極拳的發勁》《陳氏太極拳的抖杆》等論文多篇。

著有《世傳陳式太極拳》《陳式三十八式太極拳》《中國陳式太極拳》等書。為當代著名的陳式太極拳家。多年來在全國各地及世界各國傳播推廣太極拳，學生弟子遍佈五大洲，為當代陳式太極拳的發展做出了巨大貢獻，為當代陳式太極拳的代表性人物之一。

門惠豐太極拳勢

日出峰巔　七彩璀璨

——門惠豐東岳太極拳悟解

門惠豐是一位集大成的武術家，他精通八極拳、戳腳翻子等多種傳統武術，退休後重點推廣太極拳。他既是一位傳統武術家，也是一位大學體育教授，這使得他橫跨所謂「民間」「學院」兩大區間，自然消融了其中的隔閡與偏見，形成了以相容、開放、嚴謹、科學為主要特色的門惠豐武學思維。

東岳太極是一種綜合性的太極新拳種，是門惠豐先生一生武學修為的綜合性成果體現。

2000年世紀之交，全球電視臺聯合舉辦了一次盛大的電視直播活動，中國中央電視臺參與其中，並選定在泰山極頂演練太極拳，作為中國代表性節目向全世界直播。演練者選定由門惠豐先生擔任，為體現人與天、與山勢融為一體的浩然之氣，門惠豐特地創編了東岳太極拳，在泰山頂上演練，由直升飛機繞頂拍攝。這一壯觀的畫面，透過衛星向全世界播映，在太極拳史上留下了燦爛的一頁。

這張照片就是當時的寫實圖片，昭示著「東岳太極拳」的橫空出世，其後經過多年發展，東岳太極拳已經成為在國內外具有廣泛影響的新編太極拳拳種。

此拳式體現了門惠豐先生深厚的傳統武術功底和東岳太極拳鮮明的特色。

下蹲坐如鐘，不硬不滯。雖為下勢，但有龍戰於野的浩蕩，雙臂穩穩張開，有振翅欲飛的輕靈，包含飛龍在天的變化。人、天、山自然合一，和諧統一。

【門惠豐小傳】

　　門惠豐（1937—　　），著名武術家。東岳太極拳創始人。天津靜海縣人。北京體育大學教授，國際級武術裁判員。精通戳腳、翻子、八極等多種傳統武術。對太極拳的理論和實踐有深入的研究。自幼酷愛武術，曾在北京市四民武術社、藝林武術社等處習武。1956年、1958年參加全國武術表演大會獲優秀獎；1959年獲全國第1屆全運會武術比賽對練第一名。1963年畢業於北京體育學院並留校任教。數十年來，致力於民族武術教學、訓練、科研工作，為國家培養出大批優秀武術人才。曾赴數十個國家和地區進行武術教學、訓練、裁判工作，積極參加武術挖整工作。自20世紀60年代以來，參加眾多國內外武術大賽，任裁判長、總裁、仲裁，1991年任第1屆世界武術錦標賽總裁判長。1992年應《中華武術》雜誌及中央電視臺邀請擔任《太極拳、劍》系列講座主講人。參加編寫了《48式太極拳》《四式太極拳競賽套路》《太極拳競賽套路》《太極拳推手競賽套路》等。2000年世紀之交，全球電視臺共同製作人類迎接新世紀節目，應邀在泰山頂上進行太極拳表演，後創「東岳太極拳」。2001年在「首屆世界太極拳健康大會」上應邀擔任輔導老師並作名家演示。

　　1995年在「中華武林百傑」系列評選活動中被評為「中國十大武術名教授」。出版有十多種太極拳專著。

朱天才太極拳勢

頤灝健行　直養無害
──朱天才太極拳勢悟解

　　朱天才也是陳家溝「四大金剛」人物之一。不僅在國內聲名顯赫，還是陳家溝第一個走出國門，到海外傳播陳式太極拳的太極拳家，被譽為新加坡陳式太極拳的開山人。陸續在美國、加拿大、紐西蘭、英國、法國、澳洲、愛爾蘭、捷克、馬來西亞等多個國家傳授太極功夫傳播太極文化。被譽為「太極使者」。2007年6月被中華人民共和國文化部命名為首批「國家級非物質文化遺產項目太極拳（陳氏太極拳）的代表性傳承人」。

　　朱天才對於太極拳有著獨特的解讀，出版了多種專著，在全國各地舉辦講座，講授傳統陳式太極拳的理法功技。他認為，練習太極拳精神貫注、心神專一十分重要，太極拳先輩把精神鍛鍊和身體鍛鍊看得同樣重要，甚至把前者看得更為重要。

　　練太極拳時，首先要端正姿勢，平心靜氣，排除一切雜念，讓自己處於無思無慮的狀態，精神貫注，心神專一，用意來指導動作的正確性、連貫性、圓活性。這樣就使得周身內氣「渾灝流行，自然一氣」，達到很好的養生、技擊效能。在用意指導動作的過程中，全神貫注，內部和外形的虛實開合與旋轉變換要上下相隨，內外合一，

以意引氣，以氣催形，意到勁隨。

太極拳功夫越深，越能體現出陳式太極拳撞之而不散，破之而不開，變化莫測，一氣呵成的威力。

在談到陳式太極拳特點時，朱天才說，纏絲是陳式太極拳顯著的技術特徵，也是陳式太極拳的理論精粹，每一動都需要螺旋纏絲。

太極拳以腰為主宰，腰似車軸氣如輪。運行就是以弧形、圓形的連綿不斷的纏絲運動。他強調，太極拳的纏絲勁就是以內氣的運轉為動力，以腰為主催動肢體做螺旋纏絲、屈伸開合、進退收放的特有的彈簧勁。內氣越足，速度越快，勁力就越大。從健身方面來講，可以使全身各個系統機能都得到均勻的鍛鍊，保持全身各器官的活力，使人延年益壽，祛病提神。

練好纏絲，要周身內外協調一致，先由外形開始，由簡到繁。練習外形圓的運轉方法，也就是手的內外纏法、順逆纏法和腿的左右虛實變換的外纏內纏。動轉時應以手領肘、以肘領肩、以肩催腰，這是以外形引內功的纏法，經過長期練習將圓的纏法融化在體內引動內勁後，就要以腰催肩、以肩催肘、以肘領手。

這是以內勁催外形的纏絲法。也就是以內氣催外形，周身一動無處不動，無處不纏絲。

【朱天才小傳】

朱天才（1944年7月—　　），陳式太極拳名家。河南省溫縣陳家溝人。出生於陝西省西安市，1950年隨母親回到溫縣陳家溝，10歲開始學太極拳，拜陳照丕為師，全面

地繼承和掌握了陳式太極拳老架一路、二路、太極推手、太極器械和技術理論。

1972年，陳照丕逝世後，又拜陳照奎為師繼續學習陳式太極拳新架一路、二路、推手、擒拿。14歲時獲太極拳比賽第一名，經常隨陳照丕多次參加武術表演比賽。

1966年開始，朱天才任陳家溝學校教師13年，曾任溫縣武協理事、太極拳專修院院長。培養國內外弟子數以萬計。被國內外二十多個國家及地區的太極拳機構聘為顧問和名譽教授。為第一個到新加坡演示傳授陳式太極拳者，被譽為「新加坡陳氏太極拳開山人」，後多次在新傳拳，被新加坡武術總會聘為海外教練，陳式太極拳協會永久顧問，並被新加坡接納為永久居民。

長期在世界各地傳播太極拳。在海外具有廣泛影響。深入研究太極理論，挖掘整理陳式太極拳理論文獻，結合自身心得，在海內外出版發行了《正宗陳家溝太極拳》《二路炮捶》《秘傳陳家溝太極拳歌訣》《關於陳家溝太極拳套路的辨析》《太極拳的纏絡與抽絲》等書文。被譽為陳家溝太極拳「四大金剛」之一。

中盤　田秀臣演示

中盤中定　虛實相生

——田秀臣「中盤」悟解

　　田秀臣是北京陳式太極拳的重要人物，他以恪守傳統著稱，被人稱為「拳架最似陳發科者」，以「不走樣，不擅改」為原則。

　　馮志強先生曾說：「師兄弟中就數田師兄拳架最規矩，學老師最像。」所以，研究他的拳架是領略、學習古樸陳式傳統太極拳的很好途徑。

　　令人欣慰的是，田秀臣不僅留下了一組陳式太極拳照，還拍攝了陳式太極拳影像資料。這要感謝當時北京體育學院具有眼光和遠見的老師們，他們在攝像技術還不是很普及的當時，留下了這些珍貴太極資料。對於學習陳式太極拳的人來說，田秀臣的照片和錄影無疑是很具觀摩價值的。

　　田秀臣演示的這幅陳式太極「中盤」動作，架勢高低適中，這是他一貫的行拳尺度。「中盤」由抱而開，雖開猶抱，兩手掌心皆向下，但勁點、勁路、順逆纏絲方向都不相同。中心在兩腿中間，但又不平均分配。雙臂打開時配合呼吸，練習此勢是能夠比較明顯感受到拳架與呼吸在節奏上配合的重要性。

　　右手按於右膝前，左手上領，與右手、右膝、右腳遙

相呼應，目視右下方，把整個神意領起。以靜態觀之，中心靠左，以動態觀之，中心在右，所謂虛實相應。

現在留傳下來的還有五張比較重要的照片，就是田秀臣和陳發科的推手照片。當時田秀臣年齡還小，但已經隱隱透露出穩重的名家氣息。

【田秀臣小傳】

田秀臣（1917—1984年），河北完縣人。陳式太極拳名家，陳發科弟子。北京陳式太極拳代表性人物之一。

田秀臣世以製筆為業。年少時喜國術，先從唐鳳亭學形意拳，頗有所得。1941年，拜陳發科為師，開始學習陳式太極拳、陳式大杆、太極棒、大捋、推手、亂踩花，並學習了肩、背、胯打的基本功。

1946年，在陳發科六十大壽時，田秀臣、李經梧、孫封秋、宋麟閣等四人正式遞貼、磕頭拜在陳發科老師門下，成為陳發科少有的幾位入室弟子之一。1961年，秉承師志，開始在東單公園傳授陳式太極拳，他保持了陳發科老師原有的風格特點，行拳舒展大方，氣勢飽滿，動作剛柔相濟，快慢相間，鬆活彈抖，一氣呵成。一招一式以身帶手，周身相隨，螺旋纏繞，意氣融合，內外合一，瀟灑自如。從學者甚眾。

1977年應北京體育學院武術教研室的邀請在該院教授陳式太極拳。一生從事太極拳傳播工作，培養了眾多優秀傳人，是北京地區具有重要影響力的太極拳家。

手揮琵琶　傅鍾文演示

爲我一揮手　如聽萬壑松
──傅鍾文「手揮琵琶」悟解

　　楊式太極為當今全球習練人數最多的拳種，在楊式太極拳的傳播推廣中，傅鍾文先生貢獻卓著。他所編著的《楊式太極拳》風行海內外，為廣大太極拳愛好者奉為楷模。

　　這幅拳照充分體現了傅鍾文先生的風範。手揮琵琶要領在於一要「抱」，雙手環抱，一要「沉」，沉腕、沉肩，還要沉氣。三要「靈」，如風繞松林，萬壑萌動。

　　傅鍾文先生在其所著《楊式太極拳》中講解此勢時強調：「做手揮琵琶動作時要有下沉的氣勢，但精神仍要具有輕靈活潑的意思。」

　　觀傅鍾文先生此拳照，為典型的從容大家氣象。兩手相對，抱中有撐，手臂的前撐與脊背的後撐相合，達到氣貼脊背，運轉周身的效果。

　　20世紀80年代，太極拳剛剛恢復向社會推廣，由國家體委舉辦的國際太極拳交流大會上雲集了當時的名家，巨星璀璨。

　　此拳照為傅鍾文先生在大會演示時的實拍圖片，由於是抓拍的動態，更顯拳勢的生動和功力的深厚。

【傳鍾文小傳】

　　傳鍾文（1903—1994年），傑出太極拳家。河北永年人。9歲起隨楊澄甫學練太極拳。1921年赴上海做工，餘暇堅持習拳不輟。1927年楊澄甫南下教拳，傳鍾文協助任教。後長期伴隨楊澄甫教學、研武，並得到其盡心傳授。楊澄甫逝世後，仍積極從事太極拳推廣工作。

　　1944年在上海成立「永年太極拳社」，任社長。為社會培養了眾多太極拳人才。

　　1958年擔任上海市武術隊教練，訓練出多位全國武術冠軍。曾擔任全國武術比賽的裁判工作，著有《楊式太極拳》《楊式太極刀》，並被譯為多種文字在國際發行。生前為上海市武術協會副主席。曾在中國國際武術節上被授予「武術貢獻獎」。子傳聲遠、孫傳清泉均繼承家學，為太極名流。

伏虎　陳照奎演示

虎踞龍盤　仰之彌高

——陳照奎「伏虎」勢悟解

　　如果說當代陳式太極拳著作中哪本書影響最大，當數人民體育出版社20世紀60年代出版的《陳式太極拳》一書，該書曾再版多次，幾乎被列為研練陳式太極拳必讀圖書，書中的圖示主要依照陳照奎拳照繪製。

　　陳照奎繼承父親陳發科事業，在全國積極推廣陳式太極拳，培養了眾多優秀弟子，如金一鳴、馬虹、張志俊等，陳家溝的許多太極名家曾隨其學拳。子陳瑜也是當今太極拳名家。

　　陳照奎演練的太極功夫拳走低架，胸腰折疊，手法多變。拳架中正、流暢，精於閃、戰、彈、抖等。精通陳式太極拳的理論和擒拿術及各種技擊方法，善於精巧細膩的攻防技術。

　　陳照奎先生的低架是他的一大特點，我曾與陳照奎弟子馬虹先生探討過陳照奎低架拳勢的功效作用，馬虹先生也一直低架練習，八十多歲依然身手敏捷，可作拳功實證。

　　這幅拳照為陳照奎先生演練的陳式太極「伏虎」勢，為仆步下蹲動作，雙手握拳，充滿陽剛之氣。演練過程中身體逐漸螺旋下移，形成蓄勢，為下一步的輕靈躍起做好

342

準備。

陳照奎此勢中目光堅定沉著，手部纏絲與腿部纏絲相互配合，全身神完氣足，有雷霆萬鈞之威。

【陳照奎小傳】

陳照奎（1928—1981年），陳式太極拳名家。河南溫縣陳家溝人。陳發科之子。受其父親傳，得陳式太極拳精髓。應邀外出授拳，輾轉於北京、上海、廣東、江蘇等地，開班逾百期，培養了眾多太極拳人才，成為近代推廣陳式太極拳極有力的代表性人物之一。

依實踐經驗總結著述有《陳氏太極拳體用法》一書。子陳瑜為當代太極名流。

開合手　孫永田演示

此心悠然天地寬

——孫永田「開合手」悟解

　　孫永田先生為當今孫式太極拳的代表性人物，在國內外的眾多大型活動中，他都作為孫式太極拳的代表出席並擔任講學、輔導工作。孫永田曾擔任企業的領導，他自覺把太極理論運用到企業管理中去，成效顯著。

　　他說：「人的一生很漫長，在漫長的人生道路上肯定會遇到各種各樣的溝溝坎坎。練習太極拳，透過太極理論認識社會，調整心態，就能幫助你邁過這些溝坎，使你的心胸更加寬闊。」

　　孫永田積自己幾十年練習太極拳的經驗，對太極拳有著科學的認知觀，他說：「不要認為練習太極拳是一好百好。這是一種絕對的觀念，不是辯證的，是不科學的。練習太極拳如果不注意方法，不能和調整自己的心態結合在一起，也許會損害自己的身體。」

　　他十分重視太極拳對調節心態的作用，多次在講學中提到這個問題。他認為這是太極拳對當今社會最重要的價值之一。

　　孫式太極拳講究開合，講究中和，這些在孫永田這幅拳照「開合手」中都得到了體現。「開合手」為孫式太極獨有拳式，看似簡單，實則玄機無窮。練氣，練意，盡在

其中。孫祿堂在他的《太極拳學》中講解「開合手」說：「即將兩手如同抱著氣球，內中之氣亦如同往外放大之意。兩手大指離胸前一二寸許，平著往左右分開，開至兩手虎口與兩肩尖相對，兩手五指俱張，微停。」「中和」貫穿在孫式太極拳練習的始終，不僅是要領，也是一種思維原則。

孫永田對於「中和」與「開合」有詳細解說：「所謂中和，就是練習太極拳時無論是外形動作還是內在的氣勢，都要中正安舒，陰陽平衡，無過不及。在外形動作上，孫式太極拳的動作樸實無華，特別符合人體的力點力學，沒有大起大落，要求立身中正。比如，孫式太極拳的架勢比較高，要求膝關節的彎曲為135°，這樣就避免了膝關節過度彎曲，造成膝關節受力不均勻而產生的損傷。這不僅對人的健康保健有益，同時也適用於實戰。孫式太極拳是活步太極拳，要求進步必跟，退步必撤，上下相隨，這能鍛鍊人的腿腳靈活，步伐敏捷。它尤其重視開合，要求合與面寬，開與肩寬，要鬆肩墜肘，開合配合呼吸，要求呼吸自然，對調節人的呼吸系統具有良好的作用。」

我們可以這些論述對照領悟孫永田先生這幅開合手拳勢。

【孫永田小傳】

孫永田（1948—　　），孫式太極拳名家。北京人。自幼酷愛武術，曾向龍潭寺武師習唐拳、彈腿、梅花拳、炮捶拳及器械。1985年從師孫劍雲，習練孫式太極拳、劍、推手等，多年堅持不輟。對太極拳、形意拳有深入的研

究。積極協助孫劍雲繼承和整理近代武術宗師孫祿堂先生的形意拳、八卦掌、八卦劍、太極拳、太極劍等優秀傳統武術精華。

多次在中國武協、中國武術研究院、北京市武協和北京武術院舉辦的各種聯誼會、演武大會上表演孫式太極拳，參加國內外的各類重大活動，講學、演示與交流，受到廣泛關注。多次應邀擔任中華武術太極名家大講堂輔導老師。為北京航太神龍汽車有限責任公司董事長兼總經理。任北京市武術運動協會委員，北京市孫式太極拳研究會會長。為當代孫式太極拳代表性人物。

洪均生太極拳勢

拳生太極　品鑒風流
——洪均生太極拳勢悟解

　　洪均生是一位練拳的思想家。所謂思想家就不僅僅是隻言片語式的思索，而是形成了一定的規模和系統。洪均生先生在太極拳上窮其一生，形踐並思考、體悟、體證。

　　他曾經綜合自己五十多年的經驗，總結了幾點對陳式太極拳的體會：

　　一、陳式太極拳的理、法，都是對立而統一的。有形的方面是動靜、開合、大小、進退等；勁力方面是虛實、剛柔、化打等。凡此種種，當靜止時，是對立的；在運動時，則是既對立而又統一的。

　　二、纏法是陳式太極拳的主要規律，必須在每個動作中嚴格掌握。但學得要細到一絲不苟，用時要活，角度的加減與速度的配合，要因敵而變，毫釐不差。所以陳鑫說：「守規矩而不拘泥於規矩。」

　　三、要照著規矩從練對的基礎上，練到純熟，但應隨著身體強弱、年齡大小而區別練拳趟數和運動量的大小，總以自然為主，不可勉強支撐。內勁的出現是在日積月累的正規鍛鍊中自然產生的。

　　洪均生研究太極拳不拘泥既有的模式、形態。據他自己撰文回憶：「我從 1930 年從陳師學拳，1944 年遷至濟

南，1956年春赴北京再求師教。我師告以：這套拳沒有一個動作是空的，都是有用的著法。每天將拳中動作統一講解，互相試驗。不但講了用法，而且又講了解法。我這才能對陳式太極拳略能領悟。這樣複習，從三月至六月，因事離京。行前向師請准：可以按實用法傳拳。因此，返濟後改變初學動作，並和同志們共同試驗。凡是合乎基本規律的必勝。」

後來他將自己的著作命名為《陳式太極拳實用拳法》，書中集中體現了他對陳式太極拳的認知。據洪均生弟子回憶，洪均生先生授拳，從不用那些玄虛字眼，也從不講生澀深奧、讓人似懂非懂的理論，而是用規矩和自然授以拳理拳法，結合生活，講求科學。

洪均生擅詩詞，經常寫作，他能以詩情畫意來理解太極拳，這就多了一個通道，多了一種心境。他還把很多對太極拳的領悟，撰寫成詩歌的形式，如《陳式太極拳三字經》等，易懂易記，在過去的拳論基礎上還加入了自己的見解。

這幅拳照「六封四閉」是典型的洪氏風格，架式緊湊，勁力飽滿。洪均生很強調掤勁，即使是這種內收的動作中，掤勁也沒丟。對於一些固有的觀點，洪均生也打破常規，提出了自己的看法，如一些拳論中要求「肘不貼肋」，洪均生則認為，肘需要貼肋時就貼肋，貼肋時有利於利用腰腿之功，便於更好運用化勁、掤勁等。這些觀點在其拳照中也有體現。

他所寫作的《太極拳品》等文章，為當代太極的佳作而廣為流傳。他的一系列拳論和著作對後人練習太極拳都

有重要的啟發作用。

【洪均生小傳】

洪均生（1907—1996年1月），傑出太極拳家。河南省禹縣人。名孝堃，字均生，晚號八八老人。幼年時身體病弱，習太極以強身。1930年經周懷民介紹從劉幕三練習吳式太極拳。後於1930年在京拜入陳發科門下學拳，朝夕相隨歷15年。

1944年離京寓居山東濟南。1956年春再返京城就學於陳發科，深研陳式太極拳技理，得陳親授太極拳用法，並一一對應實驗，大受禪益。遂將實用技法融貫於套路之中，形成獨特風格。後在濟南授拳課徒，從者甚眾，影響漸及全國各地與海外。

太極理論亦有深入研究，著有「王宗岳《太極拳論》臆解」等多篇太極論文，影響廣泛。宣導「人有品，拳亦有品，拳品高低實以人品為主」的觀點。其代表作《陳式太極拳實用拳法》一書，為其太極功夫的集中體現，成為習練陳式太極拳的重要讀本。

曾任北京市陳式太極拳研究會顧問、山東省武術協會顧問、濟南武術協會主席、山東大學武協顧問、濟南武館高級顧問、美國華林派武術總會顧問。

徐憶中太極拳勢

拳似看詩　尋常奇絕
——徐憶中太極拳式悟解

徐憶中先生為鄭曼青重要弟子，乃鄭曼青先生身後推廣鄭子太極拳貢獻最為卓越者。深得鄭曼青太極拳真髓，修煉得精氣神飽滿，不僅具有良好的身體素質，還具有平和淡雅的心態，顯示了深厚的太極修為。

徐憶中這幅「單鞭」拳勢，精確展現了鄭子太極拳的特點要領，左掌為鄭子太極標誌性的「美人手」，腕部鬆平，鬆到徹底，右手鉤實握五指，實中有虛，雙腿為左弓步，但腿為弧形，蹬中有曲，不丟不頂，上體中正，中線落於兩足之間，神態平和。

觀徐先生拳勢，有一種返璞歸真的質感和脫俗的文氣，如同讀一首精妙的古詩，在簡潔中透露著奇絕。

徐憶中近年來為傳播鄭子太極拳，促進海峽兩岸太極拳的交流做了大量工作，使得大陸太極拳界對鄭曼青先生及其太極拳有了更多的瞭解。

徐憶中先生這幅拳照為2005年在南開大學講學傳授鄭子太極拳時在南開校園內拍攝。

【徐憶中小傳】

徐憶中（1921—　　），楊式太極拳名家。浙江蕭山

人。鄭曼青弟子。別號東海居士。大學畢業，曾任記者、編輯、社長等職。1949年開始在臺北跟隨楊式太極拳第四代傳人鄭曼青先生學練太極拳，為鄭曼青早期學員之一。

數十年堅持練拳，並積極推廣鄭曼青傳太極拳，廣收門徒，在報刊雜誌發表大量太極文章，在電視臺教拳，錄製出版教學錄影帶，赴日本、美國、韓國、香港、澳門等十多個國家和地區講學授藝，為楊式太極拳的推廣普及盡心竭力。

1978年出任時中學社社長，1983年創立「鄭子太極拳研究會」，世界各地設有分會。舉辦「曼青杯鄭子太極拳國際邀請賽」「宗師遺物及書畫展」等。組織邀請多位大陸太極拳名家赴臺灣訪問講學，積極推動兩岸太極拳的交流發展。

2010年領導組織了「楊式太極拳臺灣交流大會」。任臺灣鄭子太極拳研究會理事長、國術會時中學社社長。為楊式太極拳在臺灣的重要傳人，積極推動太極拳的國際化發展，為太極拳在臺灣的普及推廣發揮了重要作用。

祝大彤太極拳勢

太極無法　動即是法
——祝大彤太極拳式悟解

「太極無法」是指到了比較高的水準時，不要拘泥於「法」，要盡可能鬆，練出自由度，練出個性來。開始學習時，當然要依照一定的法則，也就是要領來進行。要領掌握了，一舉動自然合乎「法」，所以「動即是法」，這時候就要鬆、要空、要虛無了。這就是祝大彤先生反覆強調的「鬆功」。他認為，鬆功是內外雙修，內求心神意念放鬆，神經安舒，頭腦清靜；先求心意鬆，而後肢體鬆，從腳到頂，腳、踝、膝、胯、腰、肩、肘、腕、手等九大關節鬆開，且節節貫串，舉動輕柔，頂上虛靈，周身全體不著力，形於手指，肢體肌膚乾淨。

「太極無法，動即是法」還有一層意思，就是太極拳本身沒有法則，即沒有小法，它是依照自然運動、人體生命運動的法則來進行的，符合的是自然之大法則，是形踐著中國傳統文化中道家、儒家、佛家、醫家等核心法則的。

這幅拳照乃2008年拍攝於武當山，當時祝大彤先生領帶一個包括內地、香港、美國等地學員的國際性太極拳研修團，遊覽武當山，領悟道教文化。在道教聖地演拳，山人一體，別有韻味，符合隨心而動，無法而為的意境。

祝先生本人也很喜歡這幅拳照的意境，多次用它作為出版物封面圖片。

孫德明內功拳勢

心有靈犀　點化即通
——孫德明內功拳勢悟解

太極拳的練意都在說，但理解的程度不一樣。

是不是練意就是以意念引導動作？這只是其中的一個方面，甚至是比較基礎的方面。書法中有「意在筆先」的說法，太極拳中也有「意在拳先」的練法，這就是意念對動作的引導。

但這還不是太極「練意」的全部。太極拳的練意是多層次的。開始階段，動作為主，意念要與動作相結合，服務、改造、昇華動作。拳架因為有了意念的參與，就「活」了，就有「神」了。練習到高深階段，動作要為意念服務，動作處於從屬地位，意念為核心鍛鍊要素。這時候，動作外形就不那麼主要了，甚至外形很小，這就是拳論所說的「圈越來越小」，最後就是「無形無象」。

汪永泉先生是論述練意比較多的太極拳家之一。我們看他的弟子孫德明先生的這幅拳照，其中重點呈現的就是對意的鍛鍊。著眼點已經不是主要在外形拳架上了。

意守中，由內而外，不即不離，雙手食指領勁，若有若無，形不破體，意不散亂，勁不崩張。雖為開勢，但開中有合。看似粗放，實則細膩。如此，在技擊上才能充分體現「以柔克剛」的妙處。

孫德明先生說，汪老的技擊功夫很細膩，不粗。一出手，跟書法的用筆似的，有來歷，不是隨便亂比劃的。這個來歷就是內功。一舉手，內功就有。有內功就可以沒有法，太極拳論說，動即是法。這是講在內功的基礎上，沒有內功，這話是空談。練拳開始的時候，所有的法都是練習內功之用，內功有了，逐漸去法。從這幅拳照中我們可以領會其「去法」的含義。

　　汪永泉先生的獨門秘技，也是他最拿手的，是點、拍、斷三法。「點」是汪永泉先生得心應手的技擊之法，運用最多，隨心所欲，信手拈來。無論對方以何種方向，何種勁力來攻擊，皆以全身功力凝聚指尖，照其勁源，點擊截斷，其攻自破，且勁力回擊，自毀長城。

　　孫德明先生說，他多次親見汪老以點法展示技擊功夫，並親身感受了汪老「點指神功」的威力，進攻者遭此一點，委頓如敗絮飄風，喪失戰鬥力。如今，孫德明經過多年苦練與實踐，對點法心得尤其透徹。

　　「拍」為截其勁路，迅捷無倫，避其鋒芒，擊其中核。在敵舊力將竭、新力未生之時，重擊敵樞紐。很多人誤解太極拳慢慢悠悠，那只是在練習之時，運用時也會如雷霆萬鈞，閃電過隙。「拍」之訣竅就在準、快，準為擊其要害，快為抓住時機。拍法運用，往往一招令敵潰倒於地，或飛摔出去。

　　「斷」更是有「莫測」之功，斷敵之勁、斷敵之意，斷其來路，也斷其去路，只要對方進攻，以斷法制之，令敵難逃潰敗下場。

　　運用「斷」法時，先以對方來擊之勢，順其所為，令

其得機得勢，我則被勢，敵剛一摸實處，我瞬間突然斷開，無影無蹤，使敵如臨深淵，雲端踏空，無從著落。對方遭此斷法，必然心生恐懼，從精神到勁力徹底瓦解。

斷必須要斷得乾淨、徹底，在瞬間從「有」到「無」，完成一個太極狀態的變化，要做到這一點，內功的運用極為通暢、圓潤，內勁收、發由心，到了舉重若輕的境地。

要達到這種功夫境地，必須透過練意來領會太極內功。

孫德明此拳照拍攝於 2009 年，已經八十多歲，據他介紹，此時的行拳已經進入以意導氣、以氣運身的階段，對拳架外形的動作位置不很注重了，甚至可以忽略不計。他在指導弟子們練拳時經常說的一句話是：「要走活了，走合了，鬆上走。」對孫老的拳照，有一定太極功夫的內行當能看出其中奧妙。

【孫德明小傳】

孫德明（1924——　　），楊式太極拳傳人。天津寶坻人。7 歲跟商寶善學習楊少侯傳授的楊氏小架。數十年堅持練拳不斷。1953 年進京工作，此間曾和馬洪藻學過形意拳。1966 年投在崔毅士門下，學習楊式太極拳大架及推手功夫。1978 年拜汪永泉為師，學習楊健侯傳授的太極拳中架及楊家家傳的推手功夫。經過名門傳授和幾十年的歷練，孫德明功法全面，集楊式太極拳大架、中架、小架套路，以及太極刀、太極劍於一身，推手獨到，功夫深厚，武技純真，技藝精湛，深得楊式太極拳的真髓。一生別無他好，專心研究太極拳。多年來一直堅持傳授，孜孜不倦。為北京永泉太極拳研究會名譽副會長。

王培生太極拳勢

有博乃精　無爲天成
——王培生太極拳勢悟解

　　武術的融會貫通說起來容易，真正能夠實現的，卻是很少。不是那種形式上的「摻和」，而是真正把各類武術的精義自然地溝通起來，做到你中有我，我中有你。能夠做到融會貫通，必然會在武學上有所突破，當能在武術界青史留名。

　　王培生天生就是一位習武之人，他對武功的悟性超乎常人。他就有一種把各種武功融會貫通的本領，所以他的武功既「博」又「精」。探究武學對他不是一件困難的事情，而是一種享受，在自得其樂中，慨然突破種種藩籬，進入新的境界。

　　王培生吳式太極拳從學於楊禹廷，太極功夫很早就名動京城，被稱為「太極五虎將」之一。他後來在漫長的武學生涯中，對於內功鍛鍊給予了極大的熱情投入，廣泛研究中國內家拳以及各流派的內功鍛鍊原理、方法，乃至武術以外的內功心法，融會貫通到太極拳的練習中。

　　他還編創了各種類型的內功健身方法，有些名曰「健身小功法」，比較系統的如「乾坤戊己功」都有比較廣的傳播範圍。因此，研究、體會王培生的太極拳法，主要著眼點要從「內功」角度去認識。

　　王培生先生演示的此拳照為吳式太極拳「搬攔捶」勢，蓄勢出拳，整個架勢乾淨、純淨、簡約、大氣，身體各部分要領交代得清清楚楚，又自然天成，沒有雕琢痕跡，乃返璞歸真無為狀態。頭頂百會、左掌尖、左足尖、右足跟、尾閭等各點弧形交相感應，形成空中立圓，催動內氣運化不已。

　　此拳照清晰展現了王培生太極拳手眼身法步的各項要求。王培生曾論述太極拳技擊十大要領，重點闡述了身體各個部分以及精氣膽識的練法、要領、用法等，讀者可結合拳照細心領悟。

　　1. 手之作用：技擊之道，百般打法，隨機應變，全在於手。手之作用，不僅在拳術上占重要位置，而且刀法之變化多端也都依靠手上功夫。手法之多，不能盡述，然不外高挑、平衡、低砍、直斫，送帶橫迎，虛實吞吐。

　　善用手者，出沒無常，虛實莫測，使敵眼花神亂，則我手到功成。

　　2. 眼之作用：善技擊者眼必明，不然受制於人。故未交手前，必先審察已明，乘虛而入，出其不意，攻其不備，則事半功倍。同時留神敵人之意向，伺隙踏暇，乘機而起，皆為眼之作用。如視敵之左肩一偏，即知其必發右腿；右手一揚，即防其必發左拳。彼如強壯，我有偏門；我較彼強，始走洪門。視其眼神，彼注我左，防其左攻；彼注我右，知其右擊。張口進攻，其勁必鬆；閉口進攻，其勁必足。右腿在前，防其後足；後足既來，備其再攻。

　　3. 身之作用：身為四肢之主，無衝鋒克敵之技能，有斜偏內讓之功用，左回右轉，俯仰底昂，挺吸吞吐，動靜

雍容；不同手足之勞動，而有指揮之能力。其身左閃，宜備右攻；其身右讓，謹防左擊。回身之擊，其力必猛；翻身之腳，來勢愈雄。身蹲者，其氣必蓄，低攻應知其變；身立者，其氣必張，高擊便知來勢。身之作用相當重要。

4. 腰之作用： 肩寬腰細必定素練拳功，吸腹柔腰自是身精技擊。手足能相應者，皆是腰之作用，迂迴折曲，軟轉彎斜，聯絡上下，首尾相銜，來之則氣沉於丹田，提氣時則勁注於肩臂。

練功時，務求柔軟如綿；練刀之時，方能起頓得勢，顛起倒插，運用自如，踴躍挪移，俱能應變。雖無直接擊敵之能，但有間接補充之力，是腰之作用。

5. 步之作用： 步為一身之根，運動之本，活與不活在於步，靈與不靈亦在於步。跳躍起落，進退封逼；可吞可吐，能守能攻；虎蹲猿躍，各有專長；鶴落鷹揚，難言其狀；帶鉛者，能拔足飛騰；踢樹者，能碾人致命；正反前伸後蹬，還可逼返連施；或則左偷右進，皆能開合自如；以敏捷為主體，合腰肩為步驟；沉靜之時如山岳，追逼之勢如脫兔；變化多端，翻騰莫測。刀術雖為臂腕功夫，然得力於步法。與其說拳法勝人，莫如說步法勝人。

6. 識之作用： 弱者，我知其能逼；強者，我知其宜防。是非在於智識之辨別。練功於拳掌者，其手臂必較常人粗壯；練功於腿足者，其步法必較常人輕固；精於外壯者，其體質必魁梧；神於內功者，其筋絡多乾枯。矮小之人，防其用腿；高昂大漢，必慣使拳；見其姿勢，即知破其法門。運用器械也應以拳理為準繩，遇隙即攻，見空必補。由此可見，應敵之際切忌心慌，心慌則意亂，意亂則

手足失措，攻守失當。因而習刀術之人，當先治心。

治心之道無他，沉著而已，不以危急而色變，不為強敵而心驚。爭鬥較量，毫釐之間，勝負可定，關鍵是在智識高低。

7. **膽之作用**：見其有隙可乘，而不敢攻；知其有空可進，而不敢進，此為膽怯之病。膽小即無取勝之心，膽大能習制人之技。恐怖於衷，畏縮於外，敵乘其怯，必攻其虛。我見其虛，反攻其怯，轉敗為勝，反弱為強。然亦恒見技小膽潑者敗技高膽小之人，說明若言技擊尚須膽壯。

8. **氣之作用**：若談技擊，氣沉者勝，氣浮者敗。收招之始，吸氣為佳；發招之時，吐氣為妙。運用則奔插於周身，蓄之則墳隆於一處；擊之不能傷，推之不能去；提之則來，放之則散；若離若合，能聚能分。苟無氣行筋絡之間，則所擊之處必無勁。是雖見其有隙可乘，敢於發手進攻，而氣不能蓄，只有坐失其時機，實是可惜。

故首要練氣，則能收能發，用之不竭，藉以持久，以免氣喘上浮之弊。

9. **勁之作用**：氣有沉浮之別，勁有乘蓄之分；刀走乘勁，宜用攔、滑、扇、纏；刀走蓄勁，應用衝、砍、披、劈。吸勁緊縮，一緊即發，使敵勁不及提防，我刀已逼進；吐勁發招，一發即收，使敵不及來，我刀已變化。開而復合，吐而復吞，集於臂腕之間，拋於拳腳之外，亦有傷人之能。一指之微，能蓄全身之勁；兩方角逐，全仗乘勁之機。勢若點水之蜻蜓，而力可透諸肺腑；形同離弦之箭羽，而銳可貫達人身。勁之作用，宜悟得之。

10. **神之作用**：神清者技必精，神昏者藝必淺。以面

迎敵，知其發招，視其神情者，即知動作，察其態度，即識其方針，料其姿勢之變更，其快慢之行止。名家可預未來之勢，是熟能生巧，而又在於博學廣記，熟極自能得心應手，心感神悟，而階及神明，非空談所能體會。

【王培生小傳】

王培生（1919—2004年），著名武術家，傑出太極拳家。又名王力泉。河北省武清縣人。幼年好武，得馬貴、韓慕俠、李書文、吳秀峰等名師指導，練習摔跤、八卦掌、通臂拳、八極拳等。太極拳師從楊禹廷，並經王茂齋指點。1947年加入「匯通武術社」，任副社長。中華人民共和國成立後，積極從事太極拳教學事業，在北京的一些大學、科研所及新聞單位開辦太極拳訓練班，門生遍及海內外。1954年任群眾武術社社長。1984年北京吳式太極拳研究會成立，任副會長，1989年擔任會長，1994—2004年，擔任北京吳式太極拳研究會名譽會長。

1957年在第1屆全運會上擔任武術比賽裁判長，1983年在全國武術比賽中任仲裁委員。熱心推廣太極拳，長期在北京工業學院、北京舞蹈學院、北京師範大學、中國科學院、人民日報社、國家教委等大學、機關舉辦過各種類型的太極拳學習班、輔導班、提高班。

重視太極拳的健身作用與理論建設。創編有「乾坤戊己功」等養生內功套路。於武學具有很高悟性，宗於傳統又獨有領悟心得，突破拘束，融會多家。著有《吳式太極拳三十七式行動圖解》《太極拳的健身和技擊作用》《太極功及推手精要》《太極劍》《太極刀》等書。

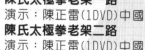

歡迎至本公司購買書籍

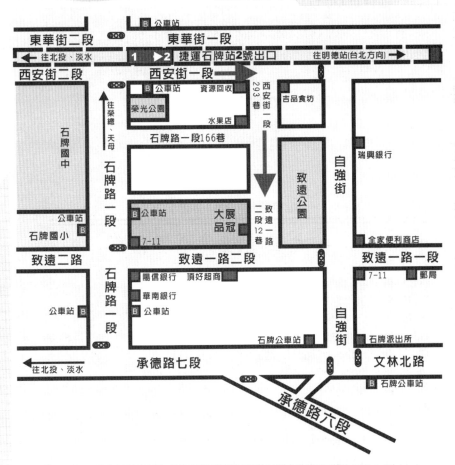

建議路線
 1.搭乘捷運·公車
　　淡水線石牌站下車，由石牌捷運站２號出口出站(出站後靠右邊)，沿著捷運高架往台北方向走(往明德站方向)，其街名為西安街，約走100公尺(勿超過紅綠燈)，由西安街一段293巷進來(巷口有一公車站牌，站名為自強街口)，本公司位於致遠公園對面。搭公車者請於石牌站(石牌派出所)下車，走進自強街，遇致遠路口左轉，右手邊第一條巷子即為本社位置。

 2.自行開車或騎車
　　由承德路接石牌路，看到陽信銀行右轉，此條即為致遠一路二段，在遇到自強街(紅綠燈)前的巷子(致遠公園)左轉，即可看到本公司招牌。

國家圖書館出版品預行編目資料

太極密碼(5)——太極拳經典拳勢悟解／余功保 著
　　——初版，——臺北市，大展，2015〔民104 . 04〕
　　面；21公分 ——（武學釋典；19）
　　ISBN　978－986－346－065－7（平裝）

1. 太極拳
528 . 972　　　　　　　　　　　　　　　　104002074

太極密碼(5)——太極拳經典拳勢悟解

著　　者／余功保
責任編輯／張建林
發行人／蔡森明
出版者／大展出版社有限公司
社　　址／台北市北投區（石牌）致遠一路2段12巷1號
電　　話／（02）28236031・28236033・28233123
傳　　眞／（02）28272069
郵政劃撥／01669551
網　　址／www.dah-jaan.com.tw
E - mail／service@dah-jaan.com.tw
登記證／局版臺業字第2171號
承印者／傳興印刷有限公司
裝　　訂／承安裝訂有限公司
排版者／弘益電腦排版有限公司
授權者／北京人民體育出版社
初版1刷／2015年（民104年）4月

定　價／300元

大展好書　好書大展
品嘗好書　冠群可期

大展好書　好書大展
品嘗好書・冠群可期